Franziska Maier

Volunteer Tourismus

Entwicklung des Nischenproduktes und
Handlungsstrategien für Deutschland

Diplomica Verlag GmbH

Maier, Franziska: Volunteer Tourismus: Entwicklung des Nischenproduktes und
Handlungsstrategien für Deutschland. Hamburg, Diplomica Verlag GmbH 2013

Buch-ISBN: 978-3-8428-5466-6
PDF-eBook-ISBN: 978-3-8428-0466-1
Druck/Herstellung: Diplomica® Verlag GmbH, Hamburg, 2013

Bibliografische Information der Deutschen Nationalbibliothek:
Die Deutsche Nationalbibliothek verzeichnet diese Publikation in der Deutschen
Nationalbibliografie; detaillierte bibliografische Daten sind im Internet über
http://dnb.d-nb.de abrufbar.

Das Werk einschließlich aller seiner Teile ist urheberrechtlich geschützt. Jede Verwertung
außerhalb der Grenzen des Urheberrechtsgesetzes ist ohne Zustimmung des Verlages
unzulässig und strafbar. Dies gilt insbesondere für Vervielfältigungen, Übersetzungen,
Mikroverfilmungen und die Einspeicherung und Bearbeitung in elektronischen Systemen.

Die Wiedergabe von Gebrauchsnamen, Handelsnamen, Warenbezeichnungen usw. in
diesem Werk berechtigt auch ohne besondere Kennzeichnung nicht zu der Annahme,
dass solche Namen im Sinne der Warenzeichen- und Markenschutz-Gesetzgebung als frei
zu betrachten wären und daher von jedermann benutzt werden dürften.

Die Informationen in diesem Werk wurden mit Sorgfalt erarbeitet. Dennoch können
Fehler nicht vollständig ausgeschlossen werden und die Diplomica Verlag GmbH, die
Autoren oder Übersetzer übernehmen keine juristische Verantwortung oder irgendeine
Haftung für evtl. verbliebene fehlerhafte Angaben und deren Folgen.

Alle Rechte vorbehalten

© Diplomica Verlag GmbH
Hermannstal 119k, 22119 Hamburg
http://www.diplomica-verlag.de, Hamburg 2013
Printed in Germany

Inhaltsverzeichnis

Inhaltsverzeichnis	I
Abbildungsverzeichnis	III
Tabellenverzeichnis	IV
Abkürzungsverzeichnis	V

I Einführung in das Thema

1	Einleitung	1
1.1	Problemdarstellung und Zielsetzung	2
1.2	Forschungslage und Forschungsdefizite	3
1.3	Aufbau der Untersuchung und Forschungsdesign	5
2	Methodische Vorgehensweise	7
2.1	Literatur- und Webanalyse	7
2.2	Empirische Marktanalyse	8
2.3	Qualitative Befragung	9

II Theoretischer Bezugsrahmen

3	Volunteer Tourismus – allgemeine Grundlagen	10
3.1	Terminologische Abgrenzung	10
3.1.1	Terminus „Volunteer" bzw. „Volunteering"	10
3.1.2	Terminus „Volunteer Tourismus"	12
3.2	Historie von Volunteering in Deutschland und Großbritannien	13
3.2.1	Volunteering in Deutschland	13
3.2.2	Volunteering in Großbritannien	15
3.3	Einordnung des Volunteer Tourismus auf dem Tourismusmarkt	17
4	Die deutsche Reisemarkt und Großbritannien als Benchmark	19
4.1	Die Struktur des Reisemarktes in Deutschland	19
4.2	Großbritannien als Benchmark – was bedeutet das?	21

III Empirische Analyse

5 Aufbau der Analyse und Zielsetzung der qualitativen Befragung — 24

6 Volunteer Tourismus – ein touristisches Produkt und sein Markt in Deutschland mit Großbritannien als Benchmark — 31
6.1 Status Quo der Anbieter von Volunteer Reisen auf dem deutschen Reisemarkt — 31
6.1.1 Reiseveranstalter für Bildungs- und Studienreisen — 32
6.1.2 Reiseveranstalter für nachhaltige Individual- und Abenteuerreisen — 35
6.1.3 Großveranstalter — 37
6.1.4 Zweigfilialen aus dem angelsächsischen Reisemarkt — 38
6.2 Aufbau und Charakteristik von Volunteer Reisen — 40

Zwischenfazit — 54

7 Großbritannien als Benchmark — 56

8 Mögliche Maßnahmen und Handlungsstrategien für den deutschen Reisemarkt — 61
8.1 SWOT-Analyse des Volunteer Tourismus in Deutschland — 61
8.2 Mögliche Maßnahmen und Handlungsstrategien — 66

IIII Abschlussbetrachtung

9 Zukünftige Entwicklung des Volunteer Tourismus — 69

10 Kritische Auseinandersetzung mit dem Nischenprodukt Volunteer Tourismus — 73

11 Ergebnisdiskussion und Fazit — 75

Literatur- und Quellenverzeichnis — 77

A Anhang
A.1 Leitfaden der qualitativen Befragung — 83

Abbildungsverzeichnis

Abb. 1:	Konzeptioneller Aufbau der Untersuchung	6
Abb. 2:	Einordnung des Volunteer Tourismus auf dem Tourismusmarkt	17
Abb. 3:	Überblick der größten deutschen Reiseveranstalter	20
Abb. 4:	Benchmarking 4-Phasen-Modell	22
Abb. 5:	Aufbau der empirischen Analyse	25
Abb. 6:	Stadium von Volunteer Tourismus im Produktlebenszyklus	31
Abb. 7:	Auszug der Leistungen von TravelWorks für einen Freiwilligeneinsatz in Argentinien	44
Abb. 8:	Auszug eines Angebotes des Reiseveranstalters Explore&Help	46
Abb. 9:	Auszug eines Angebotes des Reiseveranstalters Boomerang Reisen	47
Abb. 10:	Auszug aus einer Angebotsmail von World Unite	48
Abb. 11:	Auszug der Angebote von TUI Deutschland in Kooperation mit i-to-i	48
Abb. 12:	Auszug eines Angebotes von RealGap	49
Abb. 13:	Intensität des Volunteereinsatzes (Stufe 1-5)	50
Abb. 14:	Art der Projekte in Anzahl der Nennungen	51
Abb. 15:	charakteristische Merkmale von Volunteer Reisen	53
Abb. 16:	Volunteer Reisen in Großbritannien im Vergleich 2006 und 2007	58
Abb. 17:	Freiwilliges Engagement in Deutschland von 1999 bis 2004	69

Tabellenverzeichnis

Tab. 1:	Liste der befragten Experten	26
Tab. 2:	Themenblock 1/ Selbstdarstellung	27
Tab. 3:	Themenblock 2/ Motivation	27
Tab. 4:	Themenblock 3/ Allgemeine Aspekte, Entwicklung	28
Tab. 5:	Themenblock 4/ Charakteristika der Nachfrager	29
Tab. 6:	Themenblock 5/ Effizienz von Volunteer Reisen	29
Tab. 7:	Themenblock 6/ Zukünftige Entwicklung und Pläne für Volunteer Tourismus	30
Tab. 8:	Themenblock 7/ Fazit	30
Tab. 9:	zentrale Unterschiede und Gemeinsamkeiten der untersuchten Reiseveranstalter	39
Tab. 10:	Angebotsaufbau der Volunteer Reisen	41
Tab. 11:	Stärken und Schwächen des Volunteer Tourismus in Deutschland	61
Tab. 12:	Chancen und Risiken von Volunteer Tourismus in Deutschland	64

Abkürzungsverzeichnis

s.	-	siehe
S.	–	Seite
bzw.	–	beziehungsweise
ca.	–	circa
d.h.	–	das heißt
etc.	–	et cetera; lat.: und so weiter
e. V.	–	eingetragener Verein
o. S.	–	ohne Seitenangabe
vgl.	–	vergleiche
z. B.	–	zum Beispiel
Abb.	–	Abbildung
Kap.	–	Kapitel
Tab.	–	Tabelle

AIFS	–	American Institute for Foreign Study Group
AVSO	–	Association of Voluntary Service Organisation
BAGFW	–	Bundesarbeitsgemeinschaft der Freien Wohlfahrtspflege
BMFSFJ	–	Bundesministerium für Familie, Senioren, Frauen und Jugend
BPB	–	Bundeszentrale für politische Bildung
CAA	–	Civil Aviation Authority
CSR	–	Cooperate Social Responsibility
DBZ	–	Deutsches Benchmarking Zentrum
DED	–	Deutscher Entwicklungsdienst
EDVC	–	English Volunteer Development Council
EED	–	Evangelischer Entwicklungsdienst
FSJ	–	Freiwilliges Soziales Jahr
GB	–	Großbritannien
GmbH	–	Gesellschaft mit beschränkter Haftung
IAVE	–	International Association of Volunteer Effort
NABU	–	Naturschutzbund Deutschland
NGO	–	Non-Governmental Organisation
PLC	–	Public Limited Company
SED	–	Sozialistische Einheitspartei Deutschland
SRID	–	Studentischer Reise- und Informationsdienst
SWOT	–	Strengths, Weakness, Opportunities, Threats
TRAM	–	Tourism Research and Marketing

USA — United States of America
WWF — früher: World Wildlife Fund; heute: World Wide Fund for Nature

Anmerkung

Zur besseren Lesbarkeit der Untersuchung wird bewusst darauf verzichtet, sowohl die weibliche als auch die männliche Form der Substantive zu verwenden. Selbstverständlich sind alle Menschen jeden Geschlechts gemeint. In der Untersuchung wird die deutsche Rechtschreibung verwendet insofern sie im Duden steht; bei Anwendung der englischen Sprache wird die englische Rechtschreibung verwendet. Eckige Klammern ([…]) bedeuten einen Eingriff der Verfasserin in ein wörtliches Zitat.

I Einführung in das Thema

1 Einleitung

„Jemandem zu helfen, bedeutet nicht sich selbst zu vernachlässigen"
(Sprichwort der Mamprusi, Afrika)

Immer mehr Reisende schließen sich diesem afrikanischen Sprichwort an und verbinden ihre Reise mit aktiver Mitarbeit. Volunteer Tourismus wird die neue Tourismusform genannt, welche sich von dem englischen Wort ‚Volunteering' für ‚freiwillig' herleiten lässt. In den letzten Jahren verzeichnen Reiseveranstalter, die ihre Reisen mit der Mitarbeit in Sozial- oder Umweltprojekten koppeln, deutliche Zuwächse. Die etablierten Veranstalter erweitern die spezifischen Angebote; neue, teilweise ausländische Anbieter drängen auf den deutschen Markt, um von dem steigenden Interesse an Volunteering zu profitieren. Besonders in Großbritannien boomt die Reiseform bereits seit mehreren Jahren und soll aus diesem Grund in der vorliegenden Untersuchung eine gewisse Vorbildfunktion für den deutschen Reisemarkt einnehmen.

„Bis in die neunziger Jahre war das freiwillige Arbeiten im Urlaub etwas für meist junge Freaks mit einer Neigung zum politisch motivierten Gutmenschentum. Sie reisten in so genannte Workcamps, wo sie schufteten, Erbsensuppe löffelten und abends nach Absingen eines Standardrepertoires kämpferischer Lieder todmüde auf ihre Schlafpritschen fielen" (KRAMER 2006, S. 1f). Diese Form des Volunteerings verschwand mit der Entwicklung zur Spaßgesellschaft, wo Hilfsbereitschaft und Freiwilligenarbeit kaum mehr Platz fand. Gegenwärtig ist jedoch ein gesellschaftlicher Wandel von der Spaß- zur Sinngesellschaft zu beobachten. Dazu passt Reisen und Helfen, allerdings in abgewandelter Form: „Gefragt sind pragmatische, unideologische Angebote, verbunden mit der Möglichkeit, sich zu erholen, orientiert am unverkrampften Volunteering, wie es in der britischen Gesellschaft Tradition hat" (KRAMER 2006, S. 2).

Der im oberen Abschnitt zitierte Zeitschriftenaufsatz war der Auslöser für die Thesisformulierung dieser Untersuchung. Es entwickelt sich eine neue, sehr interessante Nischenform auf dem deutschen Tourismusmarkt, die es gilt stärker zu untersuchen als es bisher in der Tourismuswissenschaft geschah. Doch in welcher Form entwickelt sich das neue touristische Produkt? Wer bietet es an und wie unterscheidet sich die Entwicklung zum britischen Markt, wo Volunteering bereits als eine Art gesellschaftliche Tradition verankert ist?

1.1 Problemdarstellung und Zielsetzung

Die vorliegende Untersuchung versucht an diesem Punkt anzuknüpfen, in dem vorrangig der Stellenwert der neuen Tourismusform auf dem deutschen Reisemarkt untersucht werden soll. Durch den Vergleich mit dem britischen Tourismusmarkt sollen zudem mögliche Handlungsstrategien für eine zukünftige Weiterentwicklung des Nischensegmentes auf dem deutschen Markt gefunden werden. Der zu beobachtende gesellschaftliche Wandel von der Spaß- zur Sinngesellschaft wirkt sich auch auf den internationalen Tourismus aus. Das heißt es beginnt eine Abkehr des Massentourismus hin zum Alternativtourismus, welche die optimale Ausgangslage für die Einführung der neuen Nischenform bietet. Bereits heute stellt der Volunteer Tourismus ein boomendes Segment im Jugendreisebereich dar. Somit ist es wichtig die Bedeutung, Potenziale und Risiken des Volunteer Tourismus für Deutschland frühzeitig zu erkennen, da die jungen Reisenden von heute die Reisetrends von morgen bestimmen werden (vgl. SCHIEKEL 2009, o. S.).

Um die beiden Hauptziele erreichen zu können, werden in den einzelnen Themenkomplexen der Untersuchung folgende Forschungsaufgaben verfolgt:

II Theoretischer Bezugsrahmen
- Was verbirgt sich hinter dem Begriff Volunteer Tourismus?
- Wie entwickelte sich Volunteering in Deutschland und in Großbritannien?

III Empirische Analyse
- Inwiefern konnte sich der Volunteer Tourismus bisher auf dem deutschen Reisemarkt etablieren?
- Wie sieht der Aufbau solcher Reisen aus?
- Inwieweit lassen sich die Entwicklungen Großbritanniens nutzbringend auf Deutschland übertragen?
- Wo liegen die Stärken/Chancen bzw. die Schwächen/Risiken von Volunteer Tourismus in Deutschland?

IIII Abschlussbetrachtung
- Wie lässt sich die zukünftige Entwicklung dieser Tourismusform beschreiben?

Mit Hilfe einer empirischen Marktanalyse und ausgewählten Expertengesprächen sollen die voran gestellten Fragen geklärt werden. Es wird damit einer touristisch ausgerichteten, marktorientierten Aufgabenstellung nachgegangen. Thematisiert wird ein neues Tourismussegment, welches sich versucht, im Zuge des allgemeinen Veränderungsprozesses in der Tourismuswirtschaft, auf dem Markt zu etablieren.

1.2 Forschungslage und Forschungsdefizite

Volunteer Tourismus, dessen nähere Definition in Kapitel 3 erfolgt, findet erst seit wenigen Jahren eine wachsende Bedeutung auf dem Tourismusmarkt. Gegenwärtig kann beobachtet werden, dass sich „kommerziell orientierte Tourismusunternehmen verstärkt um die Integration von ‚volunteer experience' in ihre Angebotspalette bemühen" (MÜLLER/REEH 2010, S. 19) und sich das Nischensegment zu einem schleichenden Trend in der Tourismuswirtschaft entwickelt. Allerdings ist das freiwillige und bürgerschaftliche Engagement – im angelsächsischen Sprachraum ‚Volunteering genannt' – kein neues Phänomen, sondern weltweit ein historisch gewachsenes Segment. Täglich sind Menschen als Volunteers unterwegs, welche ihr Engagement als persönlichen Beitrag zur sozialen, kulturellen, umweltbezogenen und wirtschaftlichen Entwicklung in einer sich verändernden Welt betrachten (vgl. PAULWITZ 1996, S. 12).

Das Interesse an Volunteer Tourismus kommt aus unterschiedlichen Disziplinen, wird aber meist von Sozial-, Bildungs- und Wirtschaftswissenschaften dominiert. Der deutschen Tourismuswissenschaft liegen bis heute nur wenige Studien zum Thema vor, wo hingegen im angelsächsischen Raum in den letzten Jahren vermehrt Studien mit dem Schwerpunkt Volunteer Tourismus durchgeführt wurden. Die Pionierarbeit leistete vor allem Stephan WEARING, Professor der University of Technology in Sydney, Australien. Er veröffentlichte im Jahr 2001 das Buch mit dem Titel „Volunteer Tourism: Experiences that make a difference", welches sich ausschließlich mit der Thematik des Volunteer Tourismus befasst. Die Veröffentlichung des Buches rückte das Nischensegment verstärkt in den Mittelpunkt wissenschaftlicher Diskussionen. In den Folgejahren erschienen vereinzelt Studien und Zeitschriftenartikel, die sich mit unterschiedlichen Aspekten des Volunteer Tourismuses beschäftigen. Eine Studie mit dem Titel „Volunteer Tourism: a global analysis" wurde 2008 von TRAM – Tourism Research and Marketing veröffentlicht und gibt einen ersten, globalen Überblick über die Entwicklung des Volunteer Tourismuses sowie eine Analyse der Beweggründe von Volunteers und Aktivitäten der Organisationen, die solche Reisen anbieten. Zwei nennenswerte Zeitschriftenartikel wären „Volunteer Tourism – Involve me and I will learn?" von Harngh LUH SIN (2009) in der Fachzeitschrift Annals of Tourism Research (Vol. 36, Nr. 3) sowie ganz aktuell (2010) „Volunteer Tourismus in Namibia" von Dorothea MÜLLER und

Tobias REEH im Themenheft: Innovationen im Tourismus – Nischenprodukte und Nischenkompetenz der Zeitschrift für Tourismuswissenschaft.

Einen soliden Forschungstand hinsichtlich Volunteer Tourismus weisen die Länder Australien, Neuseeland, die USA und Großbritannien auf. Im deutschsprachigen Raum zeigt sich jedoch ein Defizit. Lediglich Begriffe und Publikationen zu den Themen „Projekttourismus" oder „Tourismus in Entwicklungsländern" tauchen auf, wo sich die Form des Volunteer Tourismus zuordnen ließe.

Auffällig ist, dass die Reiseliteratur bereits auf die steigende Nachfrage von Volunteer Reisen reagierte und veröffentlichte im Jahr 2007 ein bedeutendes Werk. Die populäre Reihe Lonely Planet Publications veröffentlichte eine Ausgabe mit dem Titel „Volunteer: A Traveller's Guide to Making a Difference Around the World" (vgl. MÜLLER/REEH 2010, S. 20). Dieser Reiseführer beinhaltet alle wichtigen Informationen und Anlaufstellen für Menschen, die während ihrer Reise zu Volunteers werden wollen.

Abschließend lässt sich feststellen, dass Volunteer Tourismus in der Literatur bisher als eine weitgehend positive Tourismusform dargestellt wird. Kritische Beiträge und Diskussionen sind kaum zu finden. Dennoch ist das enorme Forschungsdefizit in der deutschen Tourismuswissenschaft zu bemängeln. Aufgrund der durchaus positiven Entwicklung von Volunteer Tourismus auf dem touristischen Markt sollte dieses Defizit in Zukunft aufgehoben werden. Die vorliegende Untersuchung versucht ihren Teil dazu bei zu tragen und sich auch kritisch mit der Tourismusform auseinander zu setzen.

1.3 Aufbau der Untersuchung und Forschungsdesign

Diese Untersuchung setzt sich aus 4 verschiedenen Teilen sowie 11 Kapiteln zusammen. Der *erste Teil* beschäftigt sich mit der Einführung in das Thema. Es wird der Untersuchungsgegenstand der Untersuchung, die Forschungsaufgaben sowie die methodische Vorgehensweise näher erläutert.

Im *zweiten Teil* wird der theoretische Bezugsrahmen hergestellt, um eine grundlegende Basis für die Thematik dieser Untersuchung zu schaffen. Die Tourismusform wird zunächst definiert bzw. die auftauchenden Begriffe terminologisch abgegrenzt. Bevor die historische Entwicklung des Volunteerings in Deutschland und Großbritannien näher erläutert wird. Der geschichtliche Aufriss ist notwendig, um die Strukturen und Wertvorstellungen beider Gesellschaften nachvollziehen zu können und Gründe für die unterschiedliche Entwicklung von Volunteer Tourismus zu benennen. Ebenso Teil des theoretischen Bezugsrahmens sind die wichtigsten Aspekte des deutschen Reisemarktes sowie die nähere Erläuterung des Benchmarkings.

Der *dritte Teil* besteht aus der empirischen Analyse, wobei es sich um die nähere Betrachtung und Analyse des deutschen Reisemarktes in Bezug auf Volunteer Tourismus handelt. Die Angebotsseite des deutschen Reisemarktes wird nach bestimmten Kriterien untersucht, so dass sich mögliche Anbieter finden lassen und die Frage geklärt werden kann, wie solche Reisen aufgebaut sind. Mit Großbritannien als Benchmark sollen Entwicklungen herausgestellt werden, die sich eventuell nutzbringend auf den deutschen Reisemarkt übertragen lassen. Abschließend werden die Stärken und Schwächen sowie die Chancen und Risiken dieses Nischenproduktes dargestellt, um mögliche Handlungsstrategien für den deutschen Reisemarkt leichter zu formulieren.

Im *vierten und letzten Teil* soll die zukünftige Entwicklung des Volunteer Tourismus in Deutschland beleuchtet werden. Es folgt eine kritische Auseinandersetzung mit dem Nischenprodukt Volunteer Reisen, bevor ein Fazit, welches die gesamten Erkenntnisse dieser Untersuchung zusammenfasst, die Untersuchung abschließt.

Das Forschungsdesign, die Methodik und die Kapitelstruktur folgen den zentralen Forschungsaufgaben dieser Untersuchung und können in Form eines mehrgliedrigen Schemas veranschaulicht werden (s. Abb. 1)

Abb. 1: Konzeptioneller Aufbau der Untersuchung

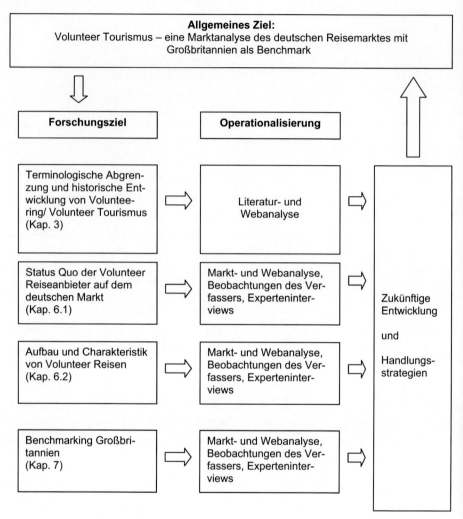

Quelle: eigene Darstellung 2010

2 Methodische Vorgehensweisen

Die grundlegende Motivation dieser Untersuchung ist es, herauszufinden, inwiefern sich das Nischensegment Volunteer Tourismus auf dem deutschen Reisemarkt etabliert und sich zukünftig weiter entwickeln wird. Um dieses Ziel zu erreichen, sind unterschiedliche Methoden des wissenschaftlichen Arbeitens sehr hilfreich. Im theoretischen Teil der Untersuchung wird vorwiegend die Literatur- und Webanalyse angewandt, während im praktischen Teil vorwiegend eigene empirische Forschungsarbeit, in Form von Experteninterviews sowie einer empirischen Marktanalyse, geleistet wird. Eigene Beobachtungen des Verfassers fließen während der ganzen Untersuchung mit ein.

2.1 Literatur- und Webanalyse

Der theoretische Teil der Untersuchung stützt sich auf eine ausführliche Literaturrecherche, wobei zu dem Thema Volunteer Tourismus bislang nur wenige wissenschaftliche Arbeiten sowie andere wissenschaftliche Werke veröffentlicht wurden. Allerdings lässt sich einige Basisliteratur zum Thema Volunteering, Ehrenamt und soziales Engagement finden. Aufgrund rudimentärer Literaturauswahl wird der theoretische Teil dieser Untersuchung durch eine umfangreiche Internetrecherche und vereinzelten Zeitungsartikeln ergänzt. Die gewonnen Informationen werden in Form einer Literatur- und Webanalyse ausgewertet.

Die Vorgehensweise ist eine „systematische, strukturierte und klar nachvollziehbare Methode zur Identifizierung, Evaluierung, Integration und Interpretation relevanter Beiträge in der Literatur mit dem Ziel der Gewinnung von Einsichten zu einer konkreten Fragestellung" (AUER-SRANKA 2009, S. 10). Die Ergebnisse sollen einen ersten Überblick über die Begrifflichkeiten von Volunteering und Volunteer Tourismus in der Literatur und im Web geben, dann kann die eigene Forschungsarbeit angeknüpft werden.

Zu Beginn der Literatur- oder Webrecherche ist es wichtig, dass das Thema konkretisiert und eine klare Zielsetzung festgelegt wird. Daraufhin kann mit Hilfe von Schlagwörtern und den formulierten Forschungsfragen die Literatursuche begonnen werden. Nach der inhaltlichen Schnellanalyse, bei der jede gefundene und relevante Literatur oder Website mit Hilfe des „Querlesens" gesichtet wird, folgt die systematische Literatur- bzw. Webrecherche. Diese orientiert sich vor allem an der erstellten Gliederung und läuft im Grunde bis zum Ende der Untersuchung weiter. Das so genannte Schneeballprinzip kann nützlich sein, um weitere, neue Quellen zu gewinnen und nach relevanten Informationen aus zu werten. Der Ausgangspunkt stellt hierbei ein Überblicksartikel dar, dem weitere Literaturhinweise entnommen werden können. Generell ist es von Vorteil, zuerst die aktuelle Literatur zu sichten und sich dann langsam in die Vergangenheit zurückzuarbeiten (vgl. DEPPE 1997, o. S.).

2.2 Die empirische Marktanalyse

Im Zuge der theoretischen Auseinandersetzung mit der Thematik wurden Überlegungen angestellt, wie die zu beantwortenden Forschungsfragen methodisch am besten anzugehen sind. Diese Überlegungen bündeln sich im praktischen Teil dieser Untersuchung. Dort wird eine empirische Marktanalyse durchgeführt, die sich an selbst festgelegten, relevanten Kriterien orientiert und mit einigen Experteninterviews und eigenen Beobachtungen des Verfassers ergänzt werden.

Die Marktanalyse beschränkt sich auf die Angebote, die es im Hinblick des Volunteer Tourismus auf dem deutschen Reisemarkt gibt. Genau genommen sollen hier folgende Forschungsaufgaben geklärt werden:

- Inwiefern konnte sich der Volunteer Tourismus bisher auf dem deutschen Reisemarkt etablieren?
- Wie sieht der Aufbau solcher Reisen aus?

Um die Sortimentsbreite zu ermitteln, wird das Internet als wichtige Bezugsquelle genutzt. Es gilt neben den Katalogen als wichtigstes Informations-, Marketing- und Verkaufsinstrument. Die Internetauftritte der verschiedenen Reiseveranstalter stellen den jeweiligen Leistungsumfang sowie den inhaltlichen Aufbau von Volunteer Reisen dar. Zusätzliche Angebots- und Produktinformationen, die sich etwa aus Katalogen oder anderen Veröffentlichungen (Newsletter, allgemeine Informationsbroschüren, Pressemitteilungen, etc.) ergeben, werden in der Untersuchung nur am Rande mit einbezogen. Somit wird die Marktanalyse als qualitative Untersuchung der Anbieter und deren Angebote im Internet durchgeführt und umfasst die aktuelle Saison 2010.

2.3　Die qualitative Befragung

Der praktische Teil der Untersuchung wird durch eine weitere qualitative Datenerhebung, dem Leitfaden gestützten Experteninterview, ergänzt. Es handelt sich dabei um eine teilstrukturierte Interviewsituation, also um „Gespräche, die aufgrund vorbereiteter und vorformulierter Fragen strukturiert und durch geführt werden" (SCHNELL/HILL/ESSER 2005, S. 322). Die Abfolge der Fragen kann dabei vom Interviewer selbst, je nach Verlauf des Gesprächs, geändert oder ergänzt werden. Der Interviewer entscheidet selbst, „ob und wann er detailliert nachfragt und ausholende Ausführungen des Befragten unterstützt bzw. ob und wann er bei Ausschweifungen des Befragten zum Leitfaden zurückkehrt" (MAYER 2008, S. 37). Wichtig ist jedoch, dass die vorgegebene Frageformulierung benutzt und den gesamten Fragekatalog innerhalb der Befragung abgearbeitet werden.

Den Fragekatalog bildet der so genannte Leitfaden. Er besteht aus offen formulierten Fragen auf welche der Befragte frei antworten kann. Zudem „schneidet er die interessierenden Themen aus dem Horizont möglicher Gesprächthemen heraus und dient dazu, dass Interview auf diese Themen zu fokussieren" (MEUSER/NAGEL 1997, S. 488). Es sollten somit Themenkomplexe gebildet werden, welche sich an der zu Grunde liegenden Problemstellung der Untersuchung orientieren. Diesen werden anschließend Nachfrage-Themen zugeordnet, die den Interviewer entlasten und die spätere Vergleichbarkeit erleichtern.

Durch den „konsequenten Einsatz des Leitfadens wird zum einem die Vergleichbarkeit der Daten erhöht und zum anderen gewinnen die Daten durch die Fragen eine Struktur" (MAYER 2008, S. 37). Außerdem wird durch die Entwicklung eines Leitfadens ausgeschlossen, dass sich „der Forscher als inkompetenter Gesprächspartner darstellt" und sich „das Gespräch nicht in Themen verliert, die nichts zur Sache tun" (MEUSER/NAGEL 1991, S. 448).

Ein weiteres wichtiges Kriterium für ein leitfadengestütztes Experteninterview bildet der Experte selbst. Ihm wird erlaubt während der Befragung seine Sicht der Dinge frei zu äußern und lässt sich folgendermaßen definieren: „Als Experte gilt jemand, der auf einem begrenzten Gebiet über ein klares und abrufbares Wissen verfügt. Seine Ansichten gründen sich auf sichere Behauptungen und seine Urteile sind keine bloße Raterei oder unverbindliche Annahmen" (MAYER 2008, S. 41).

Auf die genaue Zielsetzung des Leitfadens und einen Überblick aller befragten Experten wird in Kapitel 5 noch stärker eingegangen.

II Theoretischer Bezugsrahmen

3 Volunteer Tourismus – allgemeine Grundlagen

Obwohl der Gedanke eine Reise mit der Absicht Freiwilligenarbeit zu leisten in der Tourismusindustrie kein neuer ist, taucht der Begriff Volunteer Tourismus erst in jüngster Zeit auf. Es handelt sich meist um die englische Bezeichnung „Volunteer Tourism" oder „Volunteerism", der in der deutschen Sprache noch wenig Eingang gefunden hat. Im Rahmen der Untersuchung wird der Begriff „Volunteer Tourismus", als Mix beider Sprachen, gebraucht. Doch was verbirgt sich hinter diesem neuen Ausdruck in der Tourismusindustrie? Wie lässt sich dieser genauer definieren und wie entwickelte er sich? Um diese Fragen zu klären, soll folgendes Kapitel als theoretischer Bezugsrahmen dienen.

3.1 Terminologische Abgrenzung

Der Begriff „Volunteer Tourismus" setzt sich aus zwei Begriffen zusammen. Aus diesem Grund sollen diese zunächst einzeln betrachtet werden.

3.1.1 Terminus „Volunteer" bzw. „Volunteering"

Volunteer bzw. Volunteering kommt aus der englischen Sprache und kann simpel mit Freiwillige/-r bzw. Freiwilligenarbeit ins Deutsche übersetzt werden. Dennoch gibt es zahlreiche, unterschiedliche Arten in der Literatur, die diesen Begriff näher definieren. Eine sehr einfache Definition, welche dennoch drei sehr wichtige Elemente benennt, stammt aus Großbritannien:

> "The traditional definitions of volunteering have focused on three elements: the gift of time; the element of free choice; and the lack of payment"
> (HEDLEY/SMITH 1992, S. 6).

Auf der Weltkonferenz in Paris wurde 1990 von der Weltorganisation International Association of Volunteer Effort (IAVE) folgende nationenübergreifende Definition entwickelt und zeigt, dass der Begriff bereits seit ca. 20 Jahren in öffentlichen Diskussionen auftaucht:

> *„(a) Freiwilliges Engagement basiert auf persönlicher Motivation und Wahlmöglichkeiten. Es entsteht aus freiem Willen, mit eigener Entscheidung und ist ein Weg zur bürgerschaftlichen Beteiligung im Gemeinwesen. Freiwilliges und bürgerschaftliches Engagement findet in Form von Aktivitäten einzelner oder in Gruppen statt und wird in der Regel im Rahmen einer Organisation ausgeübt.*
> *(b) Durch die Förderung von Volunteer-Engagement werden zwischenmenschliche Solidarität und alltägliche Lebensqualität als Humanvermögen erhöht.*
> *(c) Im Streben nach einer besseren und Frieden liebenden Welt gibt freiwilliges und bürgerschaftliches Engagement Antworten auf große Herausforderungen unserer Zeit. Es kann zur wissenschaftlichen Belegung beitragen und sogar neue Berufsprofile (Professionen) schaffen" (PAULWITZ 1996, S. 13).*

Dieser sehr ausführlichen Definition steht nun noch eine letzte von der Association of Voluntary Service Organisation (AVSO) gegenüber:

> *„Volunteers and their organisations participate in local projects which promote intercultural and social learning. The volunteers engage themselves on the basis of a personal decision concerning their own development and commitment to the volunteer philosophy" (TRAM 2008, S. 10).*

Es zeigt sich, wie unterschiedlich sich der Begriff Volunteer weltweit definieren lässt. Ganz gleich welche Definition betrachtet wird, folgende Gemeinsamkeiten werden bei allen genannt und sollen als Grundlage für den weiteren Verlauf der Untersuchung dienen:

1. *gewisse Kostenneutralität:* d.h. die Freiwilligenarbeit wird nicht bezahlt, lediglich in Ausnahmefällen kommt es zu einer Aufwandsentschädigung
2. *Freiwilligkeit der Arbeit*: der Beteiligte entscheidet sich selbst und mit freiem Willen dazu
3. *Gemeinschaft*: Volunteering hilft vorwiegend anderen Beteiligten (lokalen Bevölkerung, benachteiligten Bevölkerungsgruppen, etc.)
4. *gewisser organisierter Rahmen*: die Arbeit findet nicht zufällig oder planlos statt, sondern wird von Organisationen, Verbänden etc. organisiert.

3.1.2 Terminus „Volunteer Tourismus"

Nachdem für Volunteering oder auch Volunteer zahlreiche Definitionen in der Literatur gefunden worden sind, schränkt sich die Vielzahl bei dem Begriff Volunteer Tourismus sehr ein. Es kann behauptet werden, dass Volunteer Tourismus einer der am wenigsten definierte Begriff in der Tourismuswissenschaft ist. Dennoch lassen sich in jüngeren Zeitschriftenartikel allmählich Versuche finden, die diesen Begriff näher beschreiben. Von TRAM (2008, S.10) stammt beispielsweise folgende Definition:

„The simple way of approaching volunteer tourism is to assume that it is a combination of volunteering and travel."

Die gängigste und in der Literatur am häufigsten verwendete Definition veröffentlichte WEARING (2001) und lautet wie folgt:

"The generic term 'volunteer tourism' applies to those tourists who, for various reasons, volunteer in an organized way to undertake holidays that might involve aiding or alleviating the material poverty of some groups in society, the restoration of certain environments or research into aspects of society or environment" (TRAM 2008).

Obwohl diese Definition sehr gebräuchlich ist, lässt sie doch Fragen offen, wie beispielsweise: Ist die Volunteer Erfahrung der Hauptbeweggrund einer Reise oder nur eine weitere Beschäftigung während der Reise in Form von working holiday? Außerdem bleibt unklar, wie und von welchen Akteuren solche Volunteer Reisen organisiert werden. Denn sie können von Reiseveranstaltern, anderen Entsendeorganisationen oder von lokalen NGOs angeboten werden (vgl. TRAM 2008, S. 9).

Deshalb soll folgende, selbst entwickelte Definition als Grundlage für diese Untersuchung dienen:

„Volunteer Tourismus ist eine Art Alternativer Tourismus oder Ökotourismus mit einer besonderen Betonung auf Nachhaltigkeit, Verantwortung und Bildung. Teilnehmer versuchen neue Aspekte eines Landes kennen zu lernen, während sie gleichzeitig benachteiligte Bevölkerungsgruppen oder Umweltprojekte unterstützen. Die Reisen können von Reiseveranstaltern, Entsendeorganisationen oder lokalen NGOs organisiert werden." (eigene Definition 2010)

3.2 Historie von Volunteering in Deutschland und Großbritannien

In der Literatur hat sich die Hypothese durchgesetzt, dass sich der Volunteer Tourismus ursprünglich nicht als neue Tourismusart entwickelte, sondern vielmehr aus dem organisierten Volunteering, d.h. aus den uneigennützigen Freiwilligendiensten auf internationaler Ebene, entstand. Somit existiert Volunteering in Europa schon seit Jahrhunderten. Einige Länder können eine lange Tradition von Freiwilligenarbeit aufweisen. „Where once these people were missionaries and soldiers, colonialists and explores, teachers and entrepreneurs – now they are international volunteers", so beschreibt SIMPSON (2007, S.10) die Entwicklung von Volunteering in der westlichen Welt.

Im Folgenden soll die historische Entwicklung der Länder Deutschland und Großbritannien, auf welche sich die Untersuchung bezieht, im Einzelnen betrachtet werden, um die gesamte Entwicklung des Nischensegments Volunteer Tourismus auf beiden Märkten besser nachvollziehen zu können.

3.2.1 Volunteering in Deutschland

Deutschland ist kein klassisches ‚Volunteering Land' im Vergleich zu den Niederlanden, Großbritannien oder den USA. Laut einer aktuellen Studie (2008) entwickelte sich die „German civil society infrastructure" vorwiegend in den letzten zehn Jahren (vgl. EUROPEAN COMMISION 2010, S. 1).

Die Grundlage für die Entwicklung von Volunteering in Deutschland bildet das Subsidiaritätsprinzip, welches Ende des 19. Jahrhunderts eingeführt wurde. Offiziell wird es von der BUNDESZENTRALE FÜR POLITISCHE BILDUNG (BPB 2009, o. S.) folgendermaßen definiert:

> „[Von lat. subsidium: Hilfe] Nach dem Subsidiaritätsprinzip soll eine (staatliche) Aufgabe soweit wie möglich von der unteren Ebene bzw. kleineren Einheit wahrgenommen werden. Die Europäische Gemeinschaft darf nur tätig werden, wenn die Maßnahmen der Mitgliedstaaten nicht ausreichen und wenn die politischen Ziele besser auf der Gemeinschaftsebene erreicht werden können." (BPB 2009, o. S.)

Vereinfacht bedeutet dies, dass „der Einzelne, die Familie, Gruppen oder andere Körperschaften" selbst und aus eigener Kraft Aufgaben wahrnehmen können und diese weder von einer „übergeordneten Instanz noch vom Staat" an sich gezogen werden können (BPB 2009,

o. S.). Somit wird in Deutschland sichergestellt, dass „Kompetenz und Verantwortung des jeweiligen Lebenskreises anerkannt und genutzt werden" (BpB 2009, o. S.). Allerdings schließt das die staatlichen Pflichten mit ein, welche kleinere Einheiten falls nötig stärken, so dass diese entsprechend tätig werden können (vgl. BAGFW 2010, o. S.). „According to this principle, preference is given to non-profit organisations over public services in relation to the provision of core and welfare services" (EUROPEAN COMMISION 2010, S. 1). Somit gewann die Idee des Volunteerings in Deutschland einen größeren Bedeutungsumfang.

Ein weiterer Schlüsselfaktor in der deutschen Entwicklung von Volunteering war die Teilung des Landes nach dem Zweiten Weltkrieg, „which meant that during the next four decades, volunteering developed diffrently in two parts of this divided country" (EUROPEAN COMISSION 2010, S.1). Während in Westdeutschland das Subsidiaritätsprinzip als Grundlage der Sozialpolitik und als generelles Prinzip galt, um öffentlich-private Beziehungen in der Bundesrepublik zu lenken, unterlag die Volunteer- Bewegung in Ostdeutschland der führenden sozialistischen Partei (SED). Dadurch konnten sich in Westdeutschland zu dieser Zeit weitaus mehr unabhängige Wohlfahrtsvereinigungen (z.B. Arbeiterwohlfahrt, Caritasverband, Deutsches Rotes Kreuz, etc.) bilden als in Ostdeutschland, wo jede lokale Organisation verpflichtet war, sich einer sozialen Massenorganisation unterzuordnen, wie beispielsweise der Freien Deutschen Jugend.

Ab den neunziger Jahren erlebte die Volunteer- Bewegung im Zuge der Wiedervereinigung eine neue Bedeutung. Im Mittelpunkt der neuen Politik standen „neue, nicht-staatliche Versorgungsgruppierungen, Projekte und Initiativen sowie der Beitrag sozialer Netzwerke und der Selbsthilfe" (ROBERT BOSCH STIFTUNG 1996, S. 46). Es mangelte jedoch an einer entsprechenden Infrastruktur auf kommunaler, Landes- und Bundesebene, da die neu hinzugewonnen Bundesländer rückständig im Hinblick auf Volunteering waren. In einem Gutachten von 1994 mit dem Titel „Rechtsfragen des freiwilligen sozialen Engagements – Rahmenbedingungen und Handlungsbedarf" vom Bundesministerium für Familie und Senioren wurden sämtliche, relevante Rechtsfragen in Bezug auf Volunteering festgelegt, wodurch die bisherigen „Grauzonen" in diesem Bereich beseitigt werden sollten, um letztendlich einen einheitlichen Rahmen in Deutschland zu schaffen. Daraufhin gründeten sich vermehrt neue Organisationen und Strukturen, welche Volunteering in den Vordergrund rücken lassen, beispielsweise wurden Volunteer Center gegründet, die spezielle Programme anboten. „This second generation of volunteer centres is defined by greater involvement and participation by volunteers in the management and running of the organisations and the developement/design of projects than what it was the previously case" (EUROPEAN COMISSION 2010, S. 2).

Gegenwärtig wird die Situtaion in Deutschland von intensiven Debatten bestimmt. Es gibt einerseits diejenigen, die „eine Ausbreitung des Volunteerings fördern – entweder aus finanziellen Gründen oder aus Sorge um die Überprofessionalisierung der sozialen Dienste" – und andererseits diejenigen, die „gegen solche Strategien und gegen den möglichen Missbrauch des Volunteering kämpfen" (ROBERT BOSCH STIFTUNG 1996, S. 46). Dennoch ist eine leichte Zunahme des Volunteering in Deutschland zu beobachten.

3.2.2 Volunteering in Großbritannien

In Großbritannien ist Volunteering seit Jahrzehnten fest verankert und gehört fast schon zum guten Ton in der Gesellschaft. Anders als in Deutschland trägt hier der Staat zur entscheidenden Entwicklung, Einflussnahme und Kontrolle des Volunteerings bei.

Ausgangspunkt dieses historischen Abrisses soll der Zweite Weltkrieg sein. Nach 1945 „the nature of voluntary action might have been assumed to change" (HOWLETT 2008, S.2). Mit dem Beginn des Wohlfahrtstaates in Großbritannien war die Regierung ursprünglich der Ansicht Volunteering reduzieren zu können. Allerdings bemerkte Beveridge, grundlegender Ideengeber für den britischen Wohlfahrtstaat, in seinem bekannten Beveridge Report, dass die „voluntary action is an important component of healthy democracy and […] encompasses much more than the services that were nationalised into the National Health Service and the wider welfare state"(HOWLETT 2008, S. 2). Somit wurde Volunteering nicht reduziert, sondern in das politische System Großbritanniens integriert.

In den sechziger Jahren wirkte sich die Integration positiv aus. Es begann ein Anstieg von Volunteers und Volunteer Organisationen, worauf das Land reagieren musste. Als erste Maßnahme wurde eine Agentur gegründet, die das Volunteering unterstützen sollte und heute unter ‚Volunteering England' bekannt ist. Außerdem wurde eine „Voluntary Service Unit" mit insgesamt 23 Volunteer Büros gebildet, um eine Infrastruktur diesbezüglich im Land zu entwickeln (vgl. EUROPEAN COMMISSION 2010, S. 1). In den Folgejahren erwies sich Volunteering zum Vorteil, um vor allem junge Menschen in die Gesellschaft mit einzubringen.

Der Regierungswechsel im Jahr 1979, bei dem die Labour Partei von den Konservativen abgelöst wurde, brachte in Großbritannien auch einen Wechsel im Hinblick auf Volunteering. Die Konservative Partei zeigte kaum noch Interesse an den Voluntary Organisationen, außer dass sie ihren Service im Interesse des Staates abgeben sollten, so dass Volunteering eine billige Alternative zu staatliche Leistungen wurde. Das bedeutete, dass nun die Volunteer Organisationen nicht allein für die Vermittlung junger Menschen fungieren sollten, sondern nun auch die Aufgabe übertragen bekamen, Arbeitslose im Bereich Volunteering zu vermitteln (vgl. HOWLETT 2008, S. 4f).

Erst mit der Wiederwahl der Labour Party im Jahr 1997 und mit der Ernennung Tony Blairs als Premierminister kehrte die Ursprungsidee von Volunteering in die Regierung zurück. Sie setzten die Unterstützung der Zivilgesellschaft auf ihre Agenda. Ein wichtiger Schritt war das Bündnis zwischen dem „voluntary sector" und der Regierung (vgl. HILGER 2010, S.4). Mit diesem Abkommen waren beide offiziell verpflichtet, in Sachen Volunteering zu kooperieren, sich zu informieren und zu unterstützen. „The objective was to enhance the status of engaged citizens and enable them to carry out voluntary activities by offering necessary support" (HILGER 2010, S. 4). Damit sollte eine bessere Kooperation zwischen der lokalen Regierung und den lokalen Organisationen gewährleistet werden. Die Folge war die Entstehung zahlreicher, landesweiter Projekte. Beispielsweise das Projekt ‚Millennium Volunteers', welches sich vorwiegend an junge Menschen richtete, aber auch Experience Corps, das vorwiegend die ältere Zielgruppe ansprechen sollte.

Im Jahr 2004 schlossen sich drei Spitzenorganisationen zum Dachverband „Volunteering England" zusammen. „It acts as a secretary for the English Volunteer Development Council (EDVC) which represents the voluntary sector and it is also the volunteer hub that coordinates support and research volunteering on behalf of the government" (HILGER 2010, S. 5).

Großbritannien hat eine lange Geschichte in Bezug auf Volunteering vorzuweisen und es zeigt sich, inwiefern die Regierungspolitik die Entwicklung mit beeinflusst hat. Umgekehrt wirkt sich Volunteering aber auch positiv auf weite Bereiche der Politik und die Gesellschaft aus. Im Moment bereitet sich Großbritannien auf das „European Year of Volunteering" im Jahr 2011 vor und auch während der Olympiade 2012 in London werden tausende Volunteers mit einberechnet, um unterschiedliche Aufgaben im Bereich Sport, Medizin, Service und Transport zu übernehmen. Somit zeigt sich, wie stark Volunteering in Großbritannien integriert ist und welche bedeutende Rolle es in der Gesellschaft spielt.

In beiden Ländern kann festgestellt werden, dass seit Beginn des 21. Jahrhunderts ein „quantitatives Wachstum, aber auch eine qualitative Veränderung im Volunteering" (MÜLLER/REEH 2010, S. 20) entsteht. Immer mehr Vereine, Agenturen und professionelle Tourismusunternehmen reagieren auf das steigende Volunteerinteresse, engagieren sich und gestalten Freiwilligeneinsätze zu buchbaren, touristischen Angeboten um (vgl. MÜLLER/REEH 2010, S. 20). Diese Bestrebungen der Tourismuswirtschaft, welche sich langsam zu einem kommerziell-orientierten Volunteer Tourismus entwickeln, kann als vorerst letzte Phase in der Historie der Volunteerentwicklung hinzugefügt werden.

3.3 Einordnung von Volunteer Tourismus auf dem Tourismusmarkt

Um einen Überblick zu erhalten, in welchen Bereich sich das Nischensegment Volunteer Tourismus auf dem Tourismusmarkt einordnen lässt, soll folgende Abbildung dienen.

Abb. 2: Einordnung des Volunteer Tourismus auf dem Tourismusmarkt

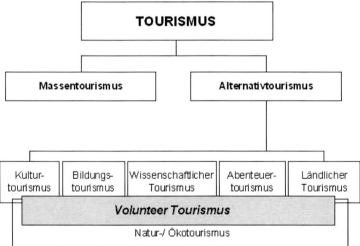

Quelle: eigene Darstellung nach WEARING 2001, S. 30

Demnach werden zunächst zwei Kategorien unterschieden: Zum einen der Massentourismus, der den Markt dominiert, und zum anderen der Alternativtourismus, der sehr unterschiedliche Formen annehmen kann. Die unterschiedlichen Formen haben jedoch eine Gemeinsamkeit: Sie bilden Alternativen zum Massenmarkt (vgl. WEARING 2001, S. 30). Das heißt, es handelt sich dabei nicht um den „mass large-scale" Tourismus, sondern um einen „small-scale, low-density" Tourismus, einem weniger dichten Tourismus, der sich vorwiegend in ländlichen Räumen ansiedelt. Diese Kategorie richtet sich nach WEARING (2001, S. 30) überwiegend an Zielgruppen mit meist überdurchschnittlicher Bildung und gutem Einkommen.

Das Schaubild zeigt die Verbindungen zwischen den unterschiedlichen Tourismusformen, so wie sie häufig in der Literatur und in Verbindung mit Volunteer Tourismus genannt werden. Demnach bilden der Kultur-, Bildungs-, Wissenschafts-, Abenteuer- und ländliche Tourismus Alternativen zum Massentourismusmarkt. Der Öko- bzw. Naturtourismus ist nur schwer einzuordnen und wird unterhalb des Volunteer Tourismus angesiedelt. Obwohl er in die meisten Tourismusbereich übergreift, ist er nicht direkt mit dem Kulturtourismus verbunden. Der Volunteer Tourismus selbst greift jedoch in alle Bereiche über und bildet eine wichtige sowie wachsende Nische in der Kategorie des Alternativtourismus.

4 Der deutsche Reisemarkt und Großbritannien als Benchmark

Aufgrund der später folgenden, empirischen Marktanalyse, die sich vorwiegend mit dem deutschen Veranstaltermarkt befasst, macht es an dieser Stelle Sinn, die Struktur dieses Reisemarktes näher zu betrachten. Den Schwerpunkt bilden dabei die Reiseveranstalter, die im Rahmen dieser Untersuchung als Anbieter von Volunteer Reisen untersucht werden sollen. Zusätzlich wird der Begriff Benchmark näher erläutert und die Ziele sowie die entsprechende Vorgehensweise dargestellt.

4.1 Die Struktur des Reisemarktes in Deutschland

Der eigentliche Tourismusmarkt umfasst „alle Reisen, unabhängig von ihren Zielen und Zwecken [...], die den zeitweisen Aufenthalt an einem anderen als dem Wohnort einschließen und bei denen die Rückkehr Bestandteil der Reise ist" (MUNDT 2001, in SÖLTER 2006, S. 5). Davon unterscheidet sich der Urlaubsreisemarkt, welcher ausschließlich privat veranlasste Urlaubsreisen umfasst, unabhängig davon ob diese von einem Dienstleister oder vom Reisenden selbst organisiert werden (vgl. SÖLTNER 2006, S. 5). Der Veranstaltermarkt bildet einen Teil des Urlaubreismarktes und besteht aus den Reisen, die bei Reiseveranstaltern gebucht werden.

In Deutschland gibt es keine umfassende Statistik, die alle auf dem bundesdeutschen Markt tätigen Veranstalter erfasst da zur Unternehmensgründung keine Lizenz benötigt wird (vgl. FREYER 2006, S. 208). Die Angebotsbreite entwickelte sich so, zusätzlich in Zeiten neuer Medien, zu einem unüberschaubaren Dschungelmarkt, der sich kaum vollständig erfassen lässt. In anderen europäischen Ländern, unter anderem in Großbritannien, werden zumindest die Veranstalter von Flugpauschalreisen von der Luftfahrtbehörde (CAA) lizenziert, wodurch die Zahl der Veranstalter von Flugreisen als auch ihre wirtschaftliche Situation bekannt sind (vgl. MUNDT 2006, S. 368).

Um dennoch einen faktischen Eindruck vom deutschen Veranstaltermarkt zu erlangen, wird jährlich von der Fachzeitschrift FVW ein Dossier mit detaillierten Zahlen von 62 Veranstaltern und vielen ergänzenden Analysen veröffentlicht. Im Geschäftsjahr 2005/2006 waren demnach ca. 800-1200 Reiseveranstaltern (ohne Busreiseveranstalter) in Deutschland tätig (vgl. MUNDT 2006, S. 32). Zudem ist der deutsche „Reiseveranstaltermarkt durch wenige große und mehreren relativ kleine Anbieter [...] gekennzeichnet, also Angebotsoligopol für die großen und Polypol für die kleineren Anbieter" (FREYER 2006, S. 304). Das bedeutet, dass die wenig großen Anbietern vielen, relativ kleinen Nachfragern gegenüberstehen und den Markt beherrschen; während die vielen kleinen Anbieter vielen kleinen Nachfragern gegenüberstehen und miteinander in Konkurrenz treten (vgl. BPB 2009, o. S.). Folgende Grafik (Abb. 3) aus der FVW- Dokumentation 2008/09 zeigt die größten deutschen Veranstalter mit ihren Anteilen, bezogen auf den Gesamtmarkt aller Veranstalter.

Abb. 3: Überblick der größten deutschen Reiseveranstalter

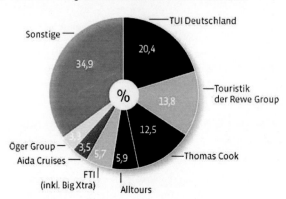

Quelle: HILDEBRANDT/QUANDT 2009, o. S.

Generell lassen sich Reiseveranstalter anhand ihrer wirtschaftlichen Struktur kategorisieren, womit sich nach FREYER (2006, S. 209) folgende zwei Gruppen unterscheiden:

1. **kommerzielle Reiseveranstalter**, welche profitorientiert und hauptgewerblich agieren und
2. **nicht-kommerzielle Reiseveranstalter**, wozu gemeinnützige Organisationen (z.B. Vereine, karitative Einrichtungen, etc.) zählen

Im Rahmen dieser Untersuchung werden kommerzielle Reiseveranstalter in Bezug auf Volunteer Reiseangebote und deren Vermittlung untersucht (s. Kap. 6), da das Netz der Organisationen, Vereinen, etc., also die nicht-kommerziellen Reiseveranstalter kaum in Kürze zu erfassen sind.

4.2 Großbritannien als Benchmark – was bedeutet das?

Der Begriff Benchmark stammt aus dem Englischen und wird in den meisten Wörterbüchern mit „Maßstab" oder „Bezugspunkt" (PONS 2010, o. S.; LEO 2010, o. S.) übersetzt. In der vorliegenden Untersuchung stellt Großbritannien den Bezugspunkt im Hinblick auf die Entwicklung des Volunteer Tourismus dar.

Die Vorgehensweise, genannt Benchmarking, ist ein methodischer Vergleich von
- Strategien
- Organisationsstrukturen
- Performance Indikatoren
- Prozessen
- Produkten und Dienstleistungen
- Methoden, Instrumenten und Systemen (vgl. DBZ 2010, o. S.).

Ziel ist es, die „eigene Leistungsfähigkeit durch das Vorbild der Vergleichspartner entscheidend zu verbessern" (DBZ 2010, o. S.). Die Vergleichspartner bilden die britischen Anbieter, die sich auf Volunteer Reisen spezialisiert haben. Durch die Sichtung der britischen Angebote und Anbieter sowie den qualitativen Befragungen der Experten kann ein Vergleich der allgemeinen Entwicklung von Volunteer Reisen auf dem britischen Markt stattfinden und erste mögliche Handlungsstrategien für den deutschen Reisemarkt und dessen zukünftige Entwicklung bezüglich des Volunteer Tourismus gefunden werden.

Die Vorgehensweise bei einem Benchmarking Projekt unterscheidet sich in der Literatur in der Bezeichnung und der Anzahl der Phasen. Diese sind inhaltlich weitgehend vergleichbar und lassen sich in folgende vier Phasen zusammenfassen *(Abb. 4)*.

Abb. 4: Benchmarking 4-Phasen-Modell

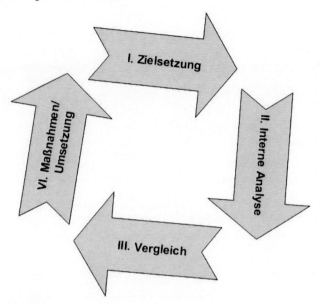

Quelle: eigene Darstellung nach DBZ 2010, o. S.

Phase I: Zielsetzung

Zu Beginn eines Benchmarking Vorhabens sollte immer eine klare Zielsetzung formuliert sein. In diesem Falle orientiert sich diese an der Zielsetzung dieser Untersuchung. Das heißt, dass mit Hilfe des Benchmark Großbritannien Handlungsstrategien für den deutschen Reisemarkt gefunden werden sollen.

Phase II: Interne Analyse

Die interne Analyse bezieht sich auf den deutschen Anbietermarkt von Volunteer Reisen. Diese Phase ist entscheidend, da erst durch die Bestandsaufnahme (Status Quo) der deutschen Angebote im Hinblick auf Volunteer Reisen die nächste Phase des Vergleiches eingeleitet werden kann.

Phase III: Vergleich

In der Phase des Vergleiches geht es um die nähere Betrachtung des britischen Marktes. Es soll herausgefunden werden, wie sich der Volunteer Tourismus auf diesem Markt entwickelt hat, um im Vergleich mit Deutschland mögliche Strategien für die zukünftige Entwicklung zu finden.

Phase IV: Maßnahmen/Umsetzung

„Die ersten drei Phasen dienen dem Erwerb von Wissen, während nun das gewonnene Wissen in Verbesserungsmaßnahmen umgesetzt wird. Mit den zu erarbeitenden Maßnahmen werden die festgestellten Leistungslücken geschlossen und damit das Benchmarking- Ziel erreicht" (DBZ 2010, o. S.). Es ist entscheidend, dass das „Gelernte nicht kopiert, sondern adaptiert wird" (DBZ 2010, o. S.). Anhand der Erstellung eines Stärken-Schwächen Profils können die Chancen und Risiken von Volunteer Tourismus erkannt werden, um entsprechende Handlungsstrategien für den deutschen Markt zu finden, welche zukünftig umsetzbar sind.

Die folgende empirische Analyse orientiert sich an diesem vier-stufigen Benchmarking Modell. Dadurch kann ein optimales Ergebnis bezüglich der Zielsetzung dieser Untersuchung erreicht werden.

III Empirische Analyse

Das Konzept Volunteer Tourismus kann im internationalen Tourismusmarkt als ein wachsender Trend bezeichnet werden. Eine gewisse Vorreiterrolle spielen dabei die USA und Großbritannien. Mittlerweile ist das Spektrum an Angeboten sehr vielfältig und reicht von nicht-kommerziellen bis hin zu kommerziellen Reiseveranstaltern, die Volunteer Tourismus als Nischenprodukt anbieten. Es entstand die Idee die Entwicklung der Angebotsdiversität in Deutschland zu veranschaulichen und bildet den Kern dieser Untersuchung.

Mit Hilfe einer empirischen Analyse des deutschen Veranstaltermarktes und ausgewählten Expertengesprächen soll ein Status Quo des Volunteer Tourismus in Deutschland ermittelt werden. Das Benchmarking mit Großbritannien soll mögliche Handlungsstrategien und ungenutzte Potential für eine weitere positive, aber dennoch nachhaltige Entwicklung aufzeigen.

5 Aufbau der Marktanalyse und Zielsetzung der qualitativen Befragung

Das Ziel der nachfolgend dargestellten Marktanalyse besteht in der Erfassung der Hauptanbieter im Hinblick auf Volunteer Angebote und in der Darstellung der allgemeinen Entwicklung dieser Tourismusform auf dem deutschen Veranstaltermarkt. Dabei wird ausschließlich auf die Angebotsseite eingegangen. Die Nachfrageseite kann im Rahmen dieser Untersuchung nicht berücksichtigt werde, da keine repräsentative Datengrundlage zur Verfügung stand.

In einem **ersten Schritt** der empirischen Analyse, welche sich an den Phasen des Benchmarking orientiert (Kap. 4), wird eine Bestandsaufnahme über die Angebote zu Volunteer Tourismus ermittelt. Dabei wird zunächst versucht, mit Hilfe einer internen Analyse, d.h. die alleinige Betrachtung des deutschen Reisemarktes, eine Übersicht der Anbietern zu schaffen. Danach werden die Reiseveranstalter kurz vorgestellt. Es wurden bewusst nur kommerzielle Reisveranstalter untersucht, da das Netz von NGOs, Gemeinden und Vereinen sehr komplex und somit eine Erfassung kaum möglich ist.

Im **zweiten Schritt** der Analyse wird auf die allgemeine Organisation und den Aufbau von Volunteer Reisen eingegangen, so dass ein charakteristisches Bild dieses Nischenproduktes entsteht.

Nach einem Zwischenfazit folgt als **dritter Schritt** die Betrachtung Großbritanniens als Benchmark. Damit soll die Forschungsfrage geklärt werden, inwieweit sich der Volunteer Tourismus in Großbritannien entwickelt hat und sich mittlerweile etablieren konnte.

Als **vierter Schritt** soll herausgearbeitet werden wie sich die gemachten Entwicklungen Großbritanniens eventuell nutzbringend auf Deutschland übertragen lassen. Es sollen mögliche Maßnahmen und Handlungsstrategien für die zukünftige Weiterentwicklung von Volunteer Tourismus auf dem deutschen Tourismusmarkt gefunden werden.

Im Folgenden sollen die einzelnen Teilschritte der Analyse grafisch nochmals veranschaulicht werden, um einen besseren Überblick über die Vorgehensweise zu erhalten.

Abb. 5: Aufbau der empirischen Analyse

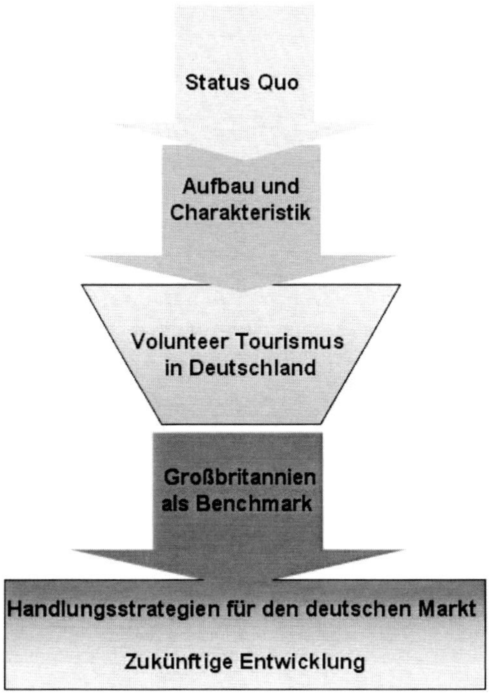

- Status Quo
- Aufbau und Charakteristik
- Volunteer Tourismus in Deutschland
- Großbritannien als Benchmark
- Handlungsstrategien für den deutschen Markt
- Zukünftige Entwicklung

Quelle: eigene Darstellung 2010

Ein umfassendes Bild über die Entwicklung von Volunteer Tourismus auf dem deutschen Reisemarkt mit Großbritannien als Benchmark wird nicht allein durch die empirische Angebotsanalyse gewonnen, sondern es ist wichtig, auch die Meinung von Experten mit einzubeziehen. Dies erfolgt, wie bereits in Kapitel 2 erwähnt, durch die qualitative Befragung.

Insgesamt wurden acht Interviews mit Experten geführt, die sich beruflich mit den jeweiligen Fragestellungen befassen (s. Tab. 1).

Tab. 1: Liste der befragten Experten 2010

Experte	Tätigkeit	Unternehmen
EXP1	Anonym	Anonym
EXP2	Anonym	Anonym
EXP3	Anonym	Anonym
EXP4	Anonym	Anonym
EXP5	Anonym	Anonym
EXP6	Anonym	Anonym
EXP7	Anonym	Anonym
EXP8	Anonym	Anonym

Quelle: eigene Darstellung 2010

Mit der Befragung sollte erfasst werden, wie Volunteer Reisen aufgebaut sind, wie sich der Volunteer Tourismus auf beiden Märkten entwickelt, inwieweit er sich bereits etabliert hat und wie die Zukunft dieses Nischenproduktes zu sehen ist. Die Gespräche orientierten sich an einem thematisierten Gesprächsleitfaden, der die Vergleichbarkeit der Daten erhöhte und eine Struktur in die Gespräche brachte. Außerdem sollten die Fragen offen formuliert sein, um dem Interviewpartner so eine breite Antwortmöglichkeit zu bieten. Ein weiteres, wichtiges Kriterium bei der Erstellung dieses Leitfadens war der Zeitfaktor. Generell war davon auszugehen, dass die Experten wenig Zeit für eine Befragung hatten. So sollte der Zeitrahmen von ca. 30 Minuten nicht überschritten werden. Der Leitfaden musste auch schriftlich zu beantworten sein, da einige Unternehmen diese Form preferierten.

Der Gesprächsleitfaden setzte sich aus sieben Themenblöcken zusammen, deren Ziele und Inhalte im Folgenden näher erläutert werden sollen.

Themenblock 1: Selbstdarstellung

Um zunächst eine angenehme Gesprächsatmosphäre zu schaffen, wurde im ersten Themenblock Raum für die gegenseitige Selbstdarstellung geschaffen, welcher zugleich aber auch ein Einstieg in die Thematik bildete.

Tab. 2: Themenblock 1/ Selbstdarstellung

Nr.	Frage	Übergeordnete Fragestellung/ Ziele
1.	Könnten Sie mir zu Beginn nennen, welche Tätigkeiten Sie im Unternehmen hauptsächlich ausführen?	➢ Kennenlernphase
2.	Wie ist Ihr Unternehmen organisiert und auf welchen Märkten ist es, in Bezug auf Volunteer Tourismus, aktiv?	➢ Größe und Philosophie des Unternehmens herausfinden ➢ Marktstruktur von Volunteer Tourismus erfassen

Quelle: eigene Darstellung 2010

Themenblock 2: Motivation für Volunteer Reisen

Um der zentralen Fragestellung dieser Untersuchung näher zu kommen, wurden detaillierte Fragen zur Motivation für das Angebot von Volunteer Reisen gestellt.

Tab. 3: Themenblock 2/ Motivation

Nr.	Frage	Übergeordnete Fragestellung/ Ziele
3.	Seit wann bieten Sie Volunteer Reisen an? Wie kam es dazu, dass Ihr Unternehmen solche Reisen anbietet?	➢ Ab welchem Zeitpunkt begann sich der Volunteer Tourismus auf dem Markt zu etablieren? ➢ Beweggründe eines Unternehmens, solche Reisen mit an zu bieten

4.	Welche spezifischen Elemente/ Aspekte zeichnen für Sie/das Unternehmen Volunteer Reisen aus? Welche Erwartungen haben Sie von solchen Reisen? Was ist wichtig bei der Planung von Volunteer Reisen?	➢ Durch die explizite Nachfrage der spezifischen Elemente/Aspekte wird Volunteer Tourismus aus Unternehmersicht definiert; es kristallisieren sich wichtige Aspekte heraus, die für die Konzipierung solcher Reisen von Vorteil sind
5.	Wie kommt es zur Zusammenarbeit von Reiseveranstaltern und sozialen oder Umweltprojekten? Anhand welcher Kriterien werden die besuchten Projekte ausgewählt?	➢ Es soll herausgefunden werden, bei wem das Interesse einer Zusammenarbeit liegt; kommt es von Seiten der Projekte oder von Seiten der Tourismuswirtschaft? ➢ Was unterscheidet Volunteer Reisen von anderen Reisen?

Quelle: eigene Darstellung 2010

Themenblock 3: Allgemeine Aspekte zu Volunteer Reisen und deren Entwicklung

Dieser Part bildet eine wichtige Funktion, um einige der zentralen Forschungsaufgaben der Untersuchung zu klären. Es werden allgemeine Aspekte zu Volunteer Reise sowie zu deren Entwicklung bei den Experten abgefragt.

Tab. 4: Themenblock 3/ Allgemeine Aspekte, Entwicklung

Nr.	Frage	Übergeordnete Fragestellung/ Ziele
6.	Wie sind Volunteer Reisen aufgebaut? Welche Arten von Projekten werden besucht und wie werden die Besucher darauf vorbereitet? Welche zeitliche Gewichtung nehmen die Projektbesuche in der gesamten Reise ein? Sind es längerfristige Besuche oder kurzfristige?	➢ All diese Fragen dienen der Beantwortung einer der zentralen Forschungsfragen dieser Untersuchung und zwar: Wie sieht der Aufbau solcher Reisen aus? Es soll festgestellt werden, wie Volunteer Reisen konkret bei einzelnen Anbietern aufgebaut sind und wo deren Schwerpunkte liegen; z.B. legt der Anbieter mehr Wert auf das Reisen oder mehr auf das Volunteering.
7.	Aus Ihrer Sicht: Wie entwickelt sich der Volunteer Tourismus in Deutschland in den letzten Jahren? Wie sieht	➢ Es soll eine weitere zentrale Forschungsfrage beantwortet werden und zwar, inwiefern sich der Volunteer Tourismus auf

	die Entwicklung in Großbritannien aus? Wo liegen die Gründe für die unterschiedliche Entwicklung in Deutschland und Großbritannien?	beiden Märkten bereits etablieren konnte und wo der Ursprung einer unterschiedlichen Entwicklung liegt.

Quelle: eigene Darstellung 2010

Themenblock 4: Charakteristika der Nachfrager

Obwohl sich diese Untersuchung auf die Angebotsseite spezialisiert hat, ist es dennoch wichtig die Nachfragegruppe charakterisieren zu können, um die Handlungsstrategien für die zukünftige Entwicklung dieser Tourismusform eingrenzen zu können.

Tab. 5: Themenblock4/Charakteristika der Nachfrager

Nr.	Frage	Übergeordnete Fragestellung/ Ziele
8.	Wie können die Nachfrager von Volunteer Reisen charakterisiert werden?	➢ Es sollen soziodemographischen Merkmale herausgefunden werden
9.	Inwiefern unterscheiden Sie sich von anderen Kunden?	➢ Bedürfnisse der Kunden von Volunteer Reisen sollen erkannt werden
10.	Wie zufrieden sind Sie mit der Nachfrage?	➢ Wie zukunftsfähig ist die Nachfrage der Volunteer Reisen? Lohnt es sich für ein Unternehmen solche Reisen anzubieten?

Quelle: eigene Darstellung 2010

Themenblock 5: Effizienz von Volunteer Reisen und
Themenblock 6: zukünftige Entwicklung und Pläne für den Volunteer Tourismus

In Bezug auf die Forschungsfrage, wo die Stärken und Schwächen von Volunteer Reisen liegen und wie sich die zukünftige Entwicklung dieser Tourismusform beschreiben lässt, formten sich die beiden letzten Themenblöcke des Gesprächsleitfadens.

Tab. 6: Themenblock 5/Effizienz von Volunteer Reisen

Nr.	Frage	Übergeordnete Fragestellung/ Ziele
11.	Welches Feedback erhalten Sie von ehemaligen Volunteers/Reisenden?	➢ Besteht die Bereitschaft eine solche Reise zu wiederholen oder bleibt es bei einer once-in-a-lifetime Erfahrung?

| 12. | Wie sehen Sie die Entwicklung in den besuchten Projekten durch den Besuch von Volunteers/Ihren Reisenden? | ➢ Kann durch einen kurzen Aufenthalt von Touristen in den Projekten etwas verändert werden? Wird auf Nachhaltigkeit der Projekte geachtet? |

Quelle: eigene Darstellung 2010

Tab. 7: Themenblock 6/ Zukünftige Entwicklung und Pläne für Volunteer Tourismus

Nr.	Frage	Übergeordnete Fragestellung/ Ziele
13.	Welche Entwicklungen sehen Sie für den Volunteer Tourismus in Deutschland/ Großbritannien vor? Welche Strategien verfolgen Sie in Zukunft? Welche zukünftige Entwicklung wünschen Sie sich im Hinblick auf Volunteer Reisen?	➢ Durch diese Fragen soll ein Gesamtbild geschaffen werden, wie sich die Anbieter eine zukünftige Entwicklung von Volunteer Tourismus vorstellen ➢ Wichtig hierbei, die Unterscheidung zwischen Deutschland und Großbritannien
14.	Welche Potentiale und Stärken sehen Sie generell in solchen Reisen? Was sehen Sie als Hemmfaktoren bzw. kritisch und problematisch?	➢ Zum Abschluss eine Bewertung von Volunteer Reisen, um mögliche Kritikpunkte mit in die Diskussion einzubinden

Quelle: eigene Darstellung 2010

Der abschließende, siebte Themenblock lässt sich als Fazit des Gespräches darstellen.

Tab. 8: Themenblock 7: Fazit

Nr.	Frage	Übergeordnete Fragestellung/ Ziele
15.	Gibt es etwas über das Thema Volunteer Reisen, das Sie mir gerne noch erzählen möchten? Haben Sie das Gefühl, ich habe es versäumt, nach etwas Bestimmtem zu fragen?	➢ Dem Experten wurde der Anreiz gegeben, Aspekte zum Thema Volunteer Tourismus zu nennen, die seiner Meinung nach relevant zur Thesis sind und im Gespräch versäumt wurden an zu sprechen

Quelle: eigene Darstellung 2010

Dieser erstellte Gesprächleitfaden soll hilfreich sein bei der Beantwortung der Forschungsfragen dieser Untersuchung.

6 Volunteer Tourismus – ein touristisches Produkt und sein Markt in Deutschland mit Großbritannien als Benchmark

Das Angebotsspektrum von Volunteer Reisen nimmt in den letzten Jahren nach eigenen Beobachtungen stetig zu und ist mittlerweile bei diversen Anbietern ein Teil des Produktsortimentes. Vor allem auf den Internetseiten verschiedener Reiseveranstalter, Organisationen (WWF, EED, DED, etc.), Verbände und zahlreiche Plattformen (Blogeinträge, Pressemitteilungen, etc.) spiegelt sich das Interesse an Volunteer Tourismus wieder. Die folgende Angebotsanalyse spezialisiert sich ausschließlich auf die Websites der Reiseveranstalter und umfasst die jeweiligen Angebote des Jahres 2010. Zusätzliche Angebots- und Produktinformationen, die sich eventuell aus anderen Veröffentlichungen der Reiseveranstalter (Kataloge, Newsletter, etc.) ergeben, werden nur am Rande einbezogen.

6.1 Status Quo der Anbietern von Volunteer Reisen auf dem deutschen Reisemarkt

Das Nischensegment Volunteer Tourismus befindet sich auf dem deutschen Reisemarkt im Anfangsstadium, wodurch sich die geringe Anzahl an Reiseveranstaltern, welche Volunteer Reisen in ihre Produktpalette mit aufgenommen haben, erklären lässt.
Theoretisch lässt sich die neue Tourismusform im Produktlebenszyklus in die zweite Phase der Markterschließung einordnen (Abb. 6).

Abb. 6: Stadium von Volunteer Reisen im Produktlebenszyklus

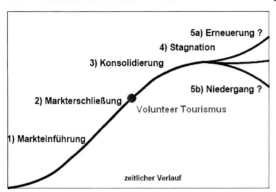

Quelle: KAGERMEIER 2007

Entsprechend der zugrunde liegenden Definition von Volunteer Tourismus erfolgte eine Webanalyse, die eine Bestandsaufnahme des deutschen Reisemarktes ermittelte. Folgende Kriterien wurden dabei berücksichtigt:

> Der Anbieter muss ein deutscher Reiseveranstalter sein, da das Netz von Organisationen, Verbänden oder sonstigen Vereinigungen kaum zu erfassen ist.
> Die Volunteer Reisen sollen explizit im Reiseprogramm und auf der Internetseite des Anbieters erwähnt werden.
> Die Angebote sollen regelmäßig und für jedermann buchbar sein; entweder als Teil einer pauschalen Urlaubsreise oder als längerfristigen Aufenthalt.

Bei näherer Betrachtung der ermittelten Reiseanbieter konnten diese in folgende drei Tätigkeitsbereiche zusammengefasst werden:
1. Reiseveranstalter für Bildungs- und Studienreisen
2. Reiseveranstalter für nachhaltige Individual- und Abenteuerreisen
3. Großveranstalter
4. Zweigfilialen aus dem angelsächsischen Reisemarkt

6.1.1 Reiseveranstalter für Bildungs- und Studienreisen

Unter den Reiseveranstalter für Bildungs- und Studienreisen werden Spezialreiseveranstalter zusammengefasst, deren Hauptzielgruppe zwischen 18 und 35 Jahren liegt. In diesem Bereich hat sich das Nischesegment bereits seit einigen Jahren erfolgreich etabliert. Nach der Meinung von Experten werden hier Volunteer Reisen seit *2001* (EXP3 2010) oder *2002* (EXP6 2010) angeboten und *„finden seitdem fast wöchentlich statt"* (EXP6 2010). Der Grund für die Entwicklung kam von Seiten der Kunden. *„Die Nachfrage stieg an und Freiwilligenprogramme schienen eine gute Möglichkeit, auf die Wünsche unserer Teilnehmer einzugehen und einen neuen Markt zu erschließen"* (EXP6 2010).

In Deutschland gibt es derzeit drei Bildungs- und Studienreiseveranstalter, die Volunteer Reisen anbieten und im Folgenden kurz vorgestellt werden sollen. Dabei wird auf das Unternehmen allgemein, dessen Philosophie und die Volunteerangebote eingegangen, wobei diese in Kapitel 6.2 noch detaillierter zum Aufbau und Charakteristik untersucht werden.

InterSwop

Unternehmen:

Als einer der ersten privaten Veranstalter in Deutschland führt InterSwop seit 1991 Auslandsprogramme in Übersee durch. Der Beginn lag in dem in Hamburg eingetragenen Verein Interswop e.V., welcher durch die Austauschprogramme gemeinnützige Ziele, wie beispielsweise die Förderung internationaler Zusammenarbeit verschiedener Länder auf kultureller und technologischer Ebene, verfolgt. Seit 1999 wird die professionelle Durchführung dieser Auslandsprogramme durch den spezialisierten Reiseveranstalter Interswop Auslandsaufenthalte Sprach- und Bildungsreisen GmbH erbracht (vgl. INTERSWOP 2010, o. S.). Die Produktpalette gliedert sich in sechs Bereiche:

- Praktikum
- Work and Travel
- Farmstays
- Wildlife Expierences
- Volunteer Projekte
- Sprachkurse

Die unterschiedlichen Programme unterliegen keiner Altergrenze. Allerdings hebt das Unternehmen die junge Zielgruppe der Studenten, Absolventen und jungen Berufstätigen hervor.

Volunteerangebote:

Die Volunteerangebote werden unter der Marke „Volunteering weltweit" zusammengefasst und werden auf einer eigenen Hompage (www.volunteering-weltweit.de) vorgestellt. Der Kunde steht im Mittelpunkt und jede Reise und jeder Auslandsaufenthalt wird individuell ausgearbeitet (vgl. VOLUNTEERING WELTWEIT 2010, o. S.). Es werden Möglichkeiten angeboten, sich bei Hilfsprojekten im sozialen, medizinischen oder ökologischen Bereich zu engagieren.

TravelWorks

Unternehmen:

TravelWorks vermittelt seit 15 Jahren Kunden aus Deutschland, Österreich und der Schweiz ins Ausland. Als Marke der Travelplus Group GmbH ist das Unternehmen Mitglied der weltweiten Verbände World Youth Studente & Educational Travel (WYSET). Die Angebotspalette gliedert sich in fünf Bereiche:

- Work and Travel
- Freiwilligenarbeit
- Auslandspraktikum
- Schüleraustausch

➢ Sprachreisen in Kooperation mit dem Unternehmen carpe diem Sprachreisen, eine weitere Marke der Travelplus Group GmbH (vgl. TRAVELWORKS 2010, o. S.).

Philosophie:
„Für TravelWorks heißt Reisen mehr als nur Tourist sein in einem anderen Land: Nicht auf der Oberfläche schwimmen, sondern ins Geschehen eintauchen, das ist Abenteuer" (TRAVELWORKS 2010, o. S.). Durch die breit gefächerte Produktpalette sollen möglichst viele Menschen mit anderen Kulturen in Kontakt gebracht werden, so dass nicht nur ein unvergessliches Abenteuer gewährt wird, sondern die Reise auch zum interkulturellen Verständnis der Welt beiträgt.

Volunteerangebote:
Die „Freiwilligenarbeit" bildet neben dem Bereich „Work and Travel" eines der größten Segmente in der Produktpalette des Unternehmens. Dem Kunden wird ermöglicht, sich als Volunteer in verschiedenen Ländern in den Bereichen Soziales, Bildung/Kultur und Gesundheit/Medizin zu engagieren (vgl. TRAVELWORKS 2010, o. S.).

StepIn
Unternehmen:
StepIn bedeutet „Student Travel & Education Programmes International" und bietet vorwiegend „Schüleraustauschprogramme und Work, Study & Travel Programme" an (vgl. STEPIN 2010, o. S.). Das Unternehmen profitiert durch einige Jahre Erfahrung in der Organisation von Austauschprogrammen sowie einem weit verzweigten Netz an Partnerorganisationen vor Ort. Die ursprüngliche Zielgruppe richtet sich an 14-30 Jährige. Allerdings wurden jüngst Angebote für die Generation 30+ geschaffen, wozu die „Sabbatical-, Volunteer- und Praktikumsprpgramme" (STEPIN 2010, o. S.) zählen.

Philosophie:
„Hör nie auf, neugierig zu sein" – mit dieser Philosophie möchte das Unternehmen möglichst viele junge Menschen mit anderen Kulturen in Kontakt bringen. „Toleranz kann schließlich nur entstehen, wenn Menschen gelernt haben, das Andersartige zu akzeptieren" (vgl. STEPIN 2010, o. S.).

Volunteerangebote:
Das Angebot an Volunteer Reisen reiht sich mittlerweile positive in die Produktpalette des Unternehmens ein. Es besteht die Möglichkeit als „freiwilliger Helfer" einen „wichtigen Beitrag im Gastland zu leisten" (STEPIN 2010, o. S.).

6.1.2 Reiseveranstalter für nachhaltige Individual- und Abenteuerreisen

Bei Reiseveranstaltern mit dem Schwerpunkt nachhaltige Individual- und Abenteuerreisen etablierte sich das Nischensegment Volunteer Reisen erst in jüngster Vergangenheit. Bei dem Veranstalter Boomerang Reisen wurden im Jahr *"2008 drei Bausteine unter dem Segment Reisen und Helfen in den Katalog aufgenommen"* (EXP7 2010). World Unite hat die *"Voluntourism-Reiseabläufe erst seit 2010 im Angebot"* (EXP1 2010). Insgesamt lassen sich bereits vier Anbieter im Bereich Individual- und Abenteuerreisen finden, die das Nischensegment Volunteer Reisen in ihre Produktpalette mit aufgenommen haben, um sich von *"der Masse der Großveranstalter abzuheben"* (EXP7 2010).

Boomerang Reisen
Unternehmen:
Boomerang Reisen ist ein expandierender Spezialreiseveranstalter für Australien, Neuseeland, die Südsee und das südliche Afrika. Seit mittlerweile 15 Jahren hat sich das Unternehmen mit maßgeschneiderten und individuellen Kundenangeboten auf dem deutschen, österreichischen und schweizerischen Reisemarkt etabliert (vgl. BOOMERANG REISEN 2010, o. S.).

Volunteerangebote:
Es befinden sich drei Angebote unter der Marke „Reisen&Helfen" in der Produktpalette des Unternehmens und zwar das Koroipta Projekt auf den Fijiinseln, das Bonnievale Projekt in der Nähe von Kapstadt sowie der Verein Flydoc e.V. in Australien. Allerdings lassen sich die Projekte eher dem Nischensegment der Spendenreisen zuordnen, da keine aktive Mitarbeite gefördert wird, sondern die Projekte vorwiegend durch eine Spende des Kunden unterstützt werden. Auf Fiji wird die aktive Mitarbeit der Reisenden jedoch mit angeboten und so lässt sich dieses Angebot dem Volunteering zu ordnen. Innerhalb von wenigen Tagen oder Wochen kann der Kunde aktiv an einem Hausbau in der Siedlung teilnehmen. Das Projekt ist sehr nachhaltig gestaltet und die Hilfe zur Selbsthilfe steht im Vordergrund.

Explore & Help
Unternehmen:
Explore & help ist „der Spezialist für weltweite Erlebnisreisen mit sozialem Anspruch" (EXPLORE&HELP 2005, o. S.).

Philosophie:

Die Philosophie des Unternehmens bezieht sich auf die drei Wörter: Reisen – Erleben – Helfen. Reisen bedeutet, die Welt bewusst bereisen; Erleben, um die Kultur und Menschen zu verstehen und Helfen, um Verbesserungen im besuchten Land zu bewirken (vgl. EXPLORE&HELP 2005, o. S.).

Volunteerangebote:

Das Unternehmen beschränkte sich lange Zeit auf die Kombination Reisen und Spenden und war in Deutschland als Reiseveranstalter, der den Besuch des Projektes, das jeweilige Thema und die finanzielle Hilfe in den Vordergrund stellt, einmalig (vgl. EXPOLRE&HELP 2005; o. S.). Seit kurzem werden auch Möglichkeiten angeboten in ausgewählten Projekten, vor allem in Afrika, mitzuarbeiten, was sich dem Segment des Volunteer Tourismus zuordnen lässt. Die *„explore&help GmbH arbeitet eng mit zwei Unternehmen aus England zusammen und bietet als Reisemittler die konzipierten Produkte des englischen Veranstalters auf dem deutschen Markt an"* (EXP8 2010).

Viventura

Unternehmen:

Viventura ist einer der führenden Südamerika Spezialisten auf dem deutschen Reisemarkt und wurde 2001 aus einem Zusammenschluss von Studenten gegründet. Nach bereits vier Jahren entwickelte sich ein Netzwerk in acht wichtigen südamerikanischen Ländern

Philosophie:

Die Philosophie beschreibt viventura mit der Vision „viventura ist die weltweite Referenz für verantwortlichen Tourismus in Südamerika" und mit der Mission „realitäts- und bevölkerungsnahe sowie umweltgerechte und verantwortliche Südamerika-Reisen" anzubieten (vgl. VIVENTURA 2010, o. S.).

Volunteerangebote:

Der Reiseveranstalter viventura gliedert durch den Verein viSozial e.V., welcher 2006 in Berlin gegründet wurde, einen neuen Tätigkeitsbereich ab. Reisende können Projekte in ganz Südamerika unterstützen, entweder durch Spenden, Patenschaften oder Freiwilligenarbeit. Allerdings ist die Freiwilligenarbeit nicht mit einer Reise gekoppelt, sondern der Kunde entscheidet sich ganz bewusst für eine aktive Mitarbeit in einem Projekt für mehrere Wochen oder Monate.

World Unite

Unternehmen:

World Unite ist kein einzelnes Unternehmen, sondern ein „Netzwerk von momentan sieben örtlichen Reiseveranstaltern und Partnern" (WORLD UNITE 2010, o. S.), die sich gemeinsam für einen sozial- und umweltverträglichen Tourismus einsetzen. Die Idee stammt von „Chris EXP1 aus Freiburg" (WORLD UNITE 2010, o. S.) und wurde 2006 in Tansania in die Tat umgesetzt.

Volunteerangebote:

Das Unternehmen lässt sich dem deutschen Markt zuordnen, da es aktiv versucht deutsche Kunden in einen Freiwilligeneinsatz zu vermitteln. Dabei werden zwei Optionen angeboten: Zum einen Voluntourism-Reiseverläufe, welche Volunteering mit Tourismus verbinden, d.h. es besteht die Möglichkeit den Freiwilligeneinsatz mit dem Erkunden des Gastlandes zu verbinden (vgl. WORLD UNITE 2010, o. S.) und zum anderen Voluntourism-Hopper, welche mehrere Freiwilligenarbeiten in verschieden Projekten verrichten ohne eine Verbindung zum Tourismus (vgl. WORLD UNITE 2010, o. S.), d.h. der Volunteereinsatz ist Hauptbestandteil der Reise ohne Erkundungen des Gastlandes.

6.1.3 Großveranstalter

Die Großveranstalter widmen sich ebenfalls erst in jüngster Zeit dem Nischenprodukt. Laut EXP2 (2010) werden für TUI Kunden *„Volunteer Reisen erst seit Juli 2009 angeboten und sind auch erst vor kurzem für Reisebüros buchbar geworden"*. Es lässt sich bis zum heutigen Stand lediglich ein Großveranstalter finden, der Volunteer Reisen anbietet.

TUI Deutschland GmbH in Kooperation mit der i-to-i Group

Unternehmen:

„Die TUI Deutschland GmbH ist der führende Reiseveranstalter in Europa" und ist eine „hundertprozentige Tochtergesellschaft" des internationalen Unternehmens der TUI Travel PLC (TUI DEUTSCHLAND 2010, o. S.). „Diese entstand 2007 aus der Fusion der Touristiksparte der TUI AG mit dem britischen Reiseveranstalter First choice holidays" (TUI DEUTSCHLAND 2010, o. S.). Folgende vier Tätigkeitsbereiche kennzeichnen die Unternehmensstruktur von TUI Travel PLC:
> ➢ „Mainstream": Dies bildet den größten Bereich des Unternehmens und beinhaltet den Verkauf von Flug und Unterkunft, Autovermietungen, Transfer und Touren in der ge-

wählten Destination. Es kann insgesamt in Pauschalreisen zusammengefasst werden.

- „Spezialist & Emerging Markets": Hierzu zählen spezielle Reiseangebote, welche sich auf außergewöhnliche Destinationen und erstklassigen Reiseerfahrungen konzentrieren.
- „Activity": Dieser Bereich gliedert sich in fünf weiter Dimensionen und zwar Wasser, Abenteuer, Ski, Student und Sport und deckt jegliche Kundenbedürfnisse ab.
- „Accomodation & Destination": Es werden alle anzubietenden Unterkünfte für Reiseveranstalter, Reisebüros, Kooperationspartner und Direktkunden zusammengefasst.

Volunteerangebote:

Die Volunteerangebote lassen sich seit circa einem Jahr unter der Marke „Volunteer Reisen" in der Produktpalette von TUI finden. Hier orientiert sich das Unternehmen sehr stark an dem britischen Partner i-to-i mit dem Sitz in Leeds, von wo aus die Projekte koordiniert werden. Die Angebotspalette ist sehr breit gefächert und wird im sozialen Netzwerk mittlerweile sehr stark kommunizert.

6.1.4 Zweigfilialen aus dem angelsächsischen Reisemarkt

Interessant ist, dass angelsächsische Unternehmen, vorwiegend aus den USA und Großbritannien, langsam den *„sozialen Gedanken"* (EXP2 2010) auch auf dem deutschen Markt erkennen und beginnen, in Form von Zweigfilialen, sich den deutschen Markt bezüglich Volunteer Reisen zu erschließen. Folgende drei Veranstalter sollen hier genannt:

AIFS

AIFS ist eine Tochter der American Institute for Foreign Study Group (AIFS), dem weltweit führenden Anbieter im Bereich Educational Travel mit dem Hauptsitz in den USA (vgl. AIFS 2010, o. S.). Mittlerweile unterhält das Unternehmen Büros im europäischen Markt, wo vor allem aus dem deutschsprachigen Raum jährlich 4.000 Teilnehmer an den AIFS Programmen teilnehmen. Unter dem Bereich „Work and Travel" reiht sich das Segment „Volunteer and Travel" ein. Es wird vor allem der jüngeren Zielgruppe angeboten, Freiwilligeneinsätze in den Ländern Australien, Neuseeland, Südafrika, Indien, Thailand und Costa Rica zu leisten, um ein fremdes Land noch intensiver zu erleben (vgl. AIFS 2010, o. S.).

realGap

RealGap ist einer der führenden Veranstalter von Auslandsaufenthalten, Karrierepausen, Abenteuer- und Sportreisen und bietet hunderte von Projekten und Reisemöglichkeiten in 45 verschiedenen Ländern an (vgl. REALGAP 2010 o. S.). Der Hauptsitz des Unternehmens befindet sich in Tunbridge Wells, Kent in Großbritannien. Die Volunteerangebote reihen sich neben bezahlten Jobs im Ausland, Sprach-, Abenteuer-, Sport- und Weltreisen in die Produktpalette von RealGap ein.

STA Travel

Das Unternehmen unterteilt sich in zwei Gruppen. Zum einen gibt es die STA Travel Group mit dem Firmenhauptsitz in London, dessen Gründung bis ins Jahr 1971 in Australien zurück führt und zum anderen gibt es die STA Travel GmbH, deren Hauptsitz in Frankfurt am Main ist und deutschlandweit 34 Filialen betreut. Beide Gruppen formierten sich aus Studentenschaften. In Deutschland wurde der Studentische Reise- und Informationsdienst (SRID) der Generalagent für STA Travel Deutschland und firmiert seit 1995 nur noch unter dem Namen STA Travel (vgl. STA TRAVEL 2010, o. S.). Die Angebote für Freiwilligenarbeit (Volunteering) lassen sich, wie bei dem Unternehmen AIFS, unter dem Bereich „Work and Travel" finden. Insgesamt werden in über 25 Ländern Volunteerprogramme angeboten.

Im Folgenden sollen zentrale Unterschiede und Gemeinsamkeiten der Unternehmen übersichtlich in einer Tabelle zusammengefasst werden (Tab. 8).

Tab. 9: zentrale Unterschiede und Gemeinsamkeiten der Unternehmen

	Gemeinsamkeiten	Unterschiede
Reiseveranstalter für Bildungs- und Studienreisen *(InterSwop, TravelWorks, StepIn)*	- gemeinsame Tätigkeitsbereiche (Auslandspraktikum, Work&Travel, Volunteering, etc.) - breites Angebotsspektrum von Volunteer Reisen (Vielzahl an Projekten und Destinationen)	- ein Veranstalter bietet gezielt 30+ Programme an
Reiseveranstalter für nachhaltige Individual- und Abenteuerreisen *(Boomerang Reisen, Explore&Help,, viventura, World Unite)*	- schmales Angebotsspektrum von Volunteer Reisen; nur wenige kleine Projekte in den jeweiligen Destinationen	- Unternehmensgröße; sehr viele kleine Spezialreiseveranstalter; Volunteer Reisen = Alleinstellungsmerkmal

Großveranstalter *(TUI Deutschland in Kooperation mit i-to-i)*	- TUI Deutschland; breites Angebotsspektrum durch Kooperation mit britischem Unternehmen i-to-i	- profitiert bereits durch Kooperation mit britischen Unternehmen an nutzbringenden Strategien für die Zukunft
Zweigfilialen aus dem ausländischen Reisemarkt *(AIFS, realGap, STA Travel)*	- Unternehmen aus dem angelsächsischen Raum (USA, GB) - Breites Angebotsspektrum; vergleichbar mit Jugendreiseveranstalter	- Volunteerangebote reihen sich bei zwei Veranstaltern in die Kategorie „Work and Travel" ein

Quelle: eigene Darstellung 2010

Es ist davon auszugehen, dass es weitere Reiseveranstalter gibt, welche mit bestimmten Projekten zusammenarbeiten und auch Reiseangebote dahin gehend schaffen. Allerdings konnte diese bei der Recherche nicht gefunden werden, da sie nicht über das Internet oder Onlinekataloge kommunizieren und somit im Rahmen dieser Untersuchung nicht erfasst werden konnten.

Zwischenergebnis 1

Volunteer Tourismus in Deutschland lässt sich im Produktlebenszyklus in die Phase der Markterschließung einordnen. Es lassen sich insgesamt 11 Reiseveranstalter, die via Internet kommunizieren, finden, die das Nischenprodukt bereits in ihre Angebotspalette mit aufgenommen haben. Volunteer Reisen sind vor allem in den Bereichen Bildungs- und Studienreisen sowie nachhaltige Individual- und Abenteuerreisen zu finden, weniger bei Großveranstaltern. Zweigfilialen, vor allem aus dem britischen und amerikanischen Markt, versuchen sich ebenfalls auf dem deutschen Markt zu etablieren, um von der steigenden Nachfrage zu profitieren.

6.2 Aufbau und Charakteristik von Volunteer Reisen

Nachdem ein Status Quo der anbietenden Reiseveranstalter von Volunteer Tourismus ermittelt, kategorisiert und kurz vorgestellt worden ist, sollen nun die Angebote näher analysiert werden, um die Forschungsfrage zu klären, wie die Reisen genau aufgebaut und konzipiert sind. Die Angebote wurden nach den Kategorien Dauer, Preisniveau, Zielgruppen, Destinationen und Projektarten untersucht, um ein charakteristisches Bild von Volunteer Reisen zu erhalten (Tab. 10).

Tab. 10: Angebotsaufbau der Volunteer Reisen

	Dauer	Preisniveau (ohne Flug)	Zielgruppe	Destinationen	Projektart
InterSwop	mind. 4-20 Wochen Projektaufenthalt	von 990 Euro bis 2.150 Euro	Ab 18 Jahre; sonst keine Altersbeschränkung	Lateinamerika Nordamerika Südafrika Asien	Soziales und Bildung Tierschutz Umweltschutz Tourismus/Hotellerie
TravelWorks	Kurzprogramme: 2-3 Wochen 4-5 Wochen Normalprogramme: Ab 8 Wochen	Von 790 Euro bis 2.150 Euro	Meist zwischen 18 und 30 Jahren; Spezielle 30+ Programme Alterseinschränkung 18-65 Jahre	Lateinamerika Nordamerika Europa (Griechenland) Ozeanien Asien Afrika	Soziales, Bildung und Kultur Natur, Tiere oder Umwelt
StepIn	Meist kurzfristig; Im Rahmen von 2 Wochen bis 2 Monate	von 425 Euro bis 1190 Euro	Ab 18 Jahre; sonst keine Altersbegrenzung	Asien Lateinamerika Afrika Ozeanien	Soziale Projekte Natur- und Umweltschutz
Boomerang Reisen	Wenige Tage bis zu einer Woche	-	-	Fiji	Soziales Projekt Koroipita

	Dauer	Preisniveau (ohne Flug)	Zielgruppe	Destinationen	Projektart
Explore & Help	Ab 2 Wochen	von 798 Euro bis 1.950 Euro inklusive Spenden für die jeweiligen Projekte und teilweise An- und Abreise	-	Afrika Asien Europa Mittelamerika (Bahamas) Europa (Italien) Ozeanien (Fiji)	Umwelt Bildung Soziales Tieschutz
TUI Deutschland/ i-to-i	Ab einer Woche bis hin zu mehreren Monaten	Von 649 Euro Bis 2639 Euro	Ab 18 Jahre; ohne Altersbegrenzung	Afrika Asien Australien Lateinamerika	Natur- und Artenschutz Kinder- und Gemeindearbeit Aufbauhilfe Sport
viventura	Ab 5 Monate	-	Ab 18 Jahre	Südamerika	Kinder- und Jugendarbeit Umweltschutz

	Dauer	Preisniveau (ohne Flug)	Zielgruppe	Destinationen	Projektart
World Unite	Ab einer Woche; Manche Einsätze erst ab drei Wochen möglich	Ab 500 Euro	Ab 18 Jahre	Afrika Asien (Israel, Indien)	Soziale Projekte Management/Planung Medizin, Pflege, Psychologie Umweltschutz, Biologie, Ökologie Kunst, Kultur Computer, Technik, Handwerk Sport Tourismus Farming, Landwirtschaft
AIFS	2-8 Wochen	Ab 730 Euro Bis 2.360 Euro	Für junge Leute von 18-35 Jahren	Ozeanien (Neuseeland, Australien) Nordamerika (Costa Rica) Südafrika Asien (Indien, Thailand)	Natur- und Wildlife Projekte Soziale Projekte Bildung und Kultur Medizin
realGap	2-4 Wochen	Ab 349 Euro Bis 5.597 Euro	Ab 17 Jahre	Afrika Asien Nordamerika Südamerika Ozeanien	Umweltschutz Menschen Tiere
STA Travel	Kurzprogramme: 2-3 Wochen Normalprogramme: 4-12 Wochen	Ab 580 Euro Bis 3.495 Euro	Ab 18 Jahre	Asien und Südsee Afrika und Seychellen Nord-, Mittel- und Südamerika Griechenland	Soziales Bildung/Kultur Gesundheit/Medizin Tourismusentwicklung Tier- und Umweltschutz

Quelle: eigene Darstellung nach Informationen der Internetauftritte der einzelnen Reiseveranstaltern aus dem Jahre 2010

Durch die tabellarische Gegenüberstellung der Angebote wird deutlich, dass sich die charakteristischen Merkmale von Volunteer Reisen zwischen den Anbietern differenzieren.

Die Angebote der Reiseveranstalter für Bildungs- und Studienreisen und die der Zweigfilialen ähneln sich im Aufbau. Im Vordergrund steht die Vermittlung und Organisation der Freiwilligeneinsätze. Das heißt Interessierten ab 18 Jahren werden gegen Gebühren freie Plätze in einem Freiwilligenprojekt vermittelt. Bei der Planung ist dabei wichtig, dass *„die Teilnehmer gut vorbereitet werden in Form von Informationsmaterial, einer intensiven Betreuung durch einen Ansprechpartner des Reiseveranstalters und der Klärung der Reisemotivation (z.B. ist der Interessierte wirklich geeignet? Hat er/sie die richtigen Vorstellungen?)"*. Außerdem werden *„allgemeine Reiseinformationen (Visum, Flug, etc.) weitergegeben und alle Reisedokumente vor Abreise in das Gastland"* zugesandt. Die *„Betreuung durch die Projektpartner vor Ort, dem Notfallmanagement und dem allgemeinen Sicherheitsnetz während der Reise und eine intensive Nachbereitung in Form einer Auswertung des Feedbacks der Teilnehmer nach deren Rückkehr"*, bilden weitere, wichtige Aspekte bei der Planung von Volunteer Reisen (EXP6 2010, EXP3 2010). Ein Auszug aus einem Angebot von TravelWorks soll einen beispielhaften Einblick in die Leistungen dieser Reiseveranstalter im Hinblick af Volunteer Reisen geben:

Abb. 7: Auszug der Leistungen von TravelWorks für ein Freiwilligeneinsatz in Argentinien

- Transfer vom Flughafen Buenos Aires zur Gastfamilie
- 4 Wochen Spanischsprachkurs mit 20 Wochenstunden à 50 Min.
- Unterrichtsmaterial
- Orientierungstreffen mit Stadtrundgang durch den Stadtteil Belgrano
- Verschiedene Aktivitäten in der Schule (z.B. Tango, Kochen, Musik, Film, Ausflüge)
- Internetzugang in der Schule
- Während des Spachkurses 4 Wochen Unterkunft im Einzelzimmer bei einer Gastfamilie mit Halbpension (Frühstück und Abendessen)
- Platzierung in einem Freiwilligenprojekt
- Während der Freiwilligenarbeit 4 Wochen Unterkunft im Mehrbettzimmer einer Apartment-WG
- Während der Freiwilligenarbeit oftmals Möglichkeit zur Teilnahme an Aktivitäten und organisierten Exkursionen (ggf. gegen Aufpreis)
- Informationshandbuch
- Zugang zur TravelWorks-Community
- Ggf. Mitreisendenliste
- TravelWorks-Schlüsselband
- Telefonkarte
- Hilfe beim Abschluss einer Reiseversicherung
- Betreuung von einer festen Programmkoordinatorin vor Abreise
- Englisch- und spanischsprachige Betreuung vor Ort in Argentinien
- 24-Stunden-Notrufnummer vor Ort
- Zertifikat nach Rückkehr

Quelle: TRAVELWORKS 2010, o. S.

Aus der Sicht der untersuchten Reiseveranstalter für Bildungs- und Studienreisen sind kennzeichnende Elemente einer Volunteer Reise:

- **Land und Leute intensiv erfahren:**
  Das wahre Leben in einem Land kennenlernen, mehr sehen als der Pauschaltourist; Leben und Arbeiten mit der lokalen Bevölkerung, vor Ort einbringen, Begegnungen auf Augenhöhe, kein Aufzwingen westeuropäischer Strukturen
- **Persönliches Engagement:**
  Gutes tun, Wissen weitergeben, unterstützen, soziales Engagement als Plus für den Lebenslauf/Karriere, Ideen und Zeit einbringen und damit eine unterstützende Funktion im Projekt einnehmen ohne der lokalen Bevölkerung Arbeitsplätze weg zu nehmen
- **Eigene Fähigkeiten entwickeln:**
  Erste Arbeitserfahrungen im Ausland, Verbesserung der Sprachenkenntnisse, was die Koppelung eines vierwöchigen Sprachkurses vor Ort erklärt, weltoffener werden, toleranter, Ausbau der eigenen Fähigkeiten, wie zum Beispiel Teamfähigkeit, interkulturelles Verständnis
- **Gewisser Zeitrahmen:**
  Ab 6-8 Wochen macht es erst Sinn in sozialen Projekten mitzuarbeiten, denn das Betreuen von und der Kontaktaufbau zu den Menschen vor Ort braucht Zeit; kurze Volunteer Reisen von 2-3 Wochen werden in der Regel an Infrastruktur-, Umwelt- oder Bauprojekte vermittelt, die nur wenig mit dem Menschen selber zu tun haben

(Aussagen EXP6 2010, EXP3 2010 und eigene Ergänzungen)

Bei den Angeboten der Reiseveranstalter für nachhaltige Individual- und Abenteuerreisen wird ebenso Wert auf die Vermittlung und Organisation von Freiwilligeneinsätzen gelegt, aber die Freiwilligeneinsätze werden zusätzlich in Verbindung mit einer Rundreise angeboten. Das bedeutet, Volunteering kann als zusätzlicher Reisebaustein betrachtet werden, welcher individuell in die geplante Reise mit eingebaut werden kann. Dies lässt sich nicht aus allen Angeboten ableiten, aber auf persönliche Anfrage der Reisenden lassen sich individuelle Lösungen finden. Diese Optionen eignen sich neben der Zielgruppe der 18-25 Jährigen auch für die ältere Zielgruppe. *„Bei den Volunteers gibt keine einheitliche Gruppe, von 18 bis 70 Jahren war schon alles dabei aus ganz unterschiedlichen Motivationen. Die Voluntourists sind aber meist Berufstätige von Ende 20 bis 40 Jahre, auffällig ist hier, dass es deutlich mehr weibliche als männliche Teilnehmer sind"* (EXP1 2010).

Folgende Auszüge aus diversen Angeboten der untersuchten Reiseveranstalter für nachhaltige Individual- und Abenteuerreisen sowie dem Großveranstalter sollen den Aufbau von Volunteer Reisen beispielhaft verdeutlichen (Abb. 8, Abb. 9).

Abb. 8: Auzug eines Angebotes des Reiseveranstalters Explore&Help

Vier Wochen Vietnam (er-)leben

Erlebe etwas äußerst Besonderes mit der Teilnahme an diesem Vietnam Programm. Während der vier Wochen bieten wir dir das Beste, was das ungewöhnliche Land zu bieten hat.

Dein Abenteuer beginnt mit einem Sprachkurs, bevor du dich zum Wandern in die entlegensten Regionen Vietnams begibst, wo es außer Reisfeldern noch vieles mehr zu sehen gibt. In der dritten Woche wirst du am Strand Zeit haben zu relaxen. Der kulturelle Höhepunkt ist der Besuch des UNESCO Weltkulturerbes Ha Long Bay, der dir wohl in ewiger Erinnerung bleiben wird. Nutze in der Unterrichtswoche, der letzten Woche des Projektes, die Chance selbst aktiv zu werden und im Unterricht mit Kindern ein Lächeln auf ihre Gesichter zu zaubern.

Für weitere Informationen oder Fragen wende dich direkt an uns

Quelle: EXPLORE & HELP 2005, o. S.

Bei dieser Reise des Veranstalters Explore&Help wird der Volunteereinsatz in der letzten Woche einer insgesamt 4-wöchigen Reise angeboten. Das heißt der Schwerpunkt bildet die Reise nach Vietnam, das Kennenlernen des Landes und dessen Kultur. Die aktive Mitarbeit ist ein zusätzliches Element, um die Reise intensiver und inhaltlich stark zu gestalten. Die weiteren Angebote und Reisen *„beinhalten meist, etwas abhängig vom jeweiligen Produkt und der Länge der Reisezeit die der Kunde wünscht, eine Orientierungswoche, gefolgt von einem (frei wählbaren) Zeitraum in einem oder mehreren Projekten und falls gewünscht noch eine Entspannungszeit am Ende der Volunteertätigkeit"* (EXP8 2010).

Abb. 9: Auszug eines Angebotes des Reiseveranstalters Boomerang Reisen

Nach der Abholung von Ihrem Hotel besuchen Sie den Markt von Lautoka, der zweitgrößten Stadt Fijis. Anschließend führt Sie die Fahrt nach Koroipita, 10 Minuten außerhalb Lautokas, wo im Rahmen eines Sozialprojekts mehr als 70 Familien, die zuvor obdachlos waren, ein neues Zuhause gefunden haben. Während einer Führung durch das Dorf erhalten Sie einen interessanten Einblick in das Leben der Menschen und die Infrastruktur des Dorfes. Dabei lernen Sie bestimmt auch einige der Bewohner kennen. Auf dem Rückweg halten Sie am Vuda Aussichtspunkt, von dem Sie einen wunderschönen Blick über die Insel haben und sich bei tropischen Früchten und Säften erfrischen können.

> Bei Interesse können Sie Koroipita während Ihrer Reise auch einen Besuch abstatten und die Früchte Ihrer Spende begutachten. Die Menschen sind unheimlich stolz auf ihr kleines Dorf. Sie freuen sich über jeden Besuch, führen Sie gerne herum, laden Sie in ihr Haus ein und erzählen Ihnen vom Leben in Koroipita. Details zu diesem „Ausflug" finden Sie nebenstehend.
>
> **Sie möchten selbst mit Hand anlegen und beim Bau eines Rotahomes helfen?** Kein Problem, der Bau eines Hauses dauert drei Tage und unser Partner vor Ort bietet komplette Pakete mit Übernachtung und täglichen Transfers vom Hotel nach Koroipita und zurück an. Bitte Fragen Sie Ihren Spezialisten von Boomerang Reisen nach Einzelheiten.

Quelle: BOOMERANG REISEN 2010, o. S.

Boomerang Reisen vermischt bei dem Angebot das Nischenprodukt Spendenreisen mit Volunteer Reisen. Der Kunde hat die Wahl das Projekt auf Fiji durch eine Spende zu unterstützen und die „*Früchte der Spende*" (EXP7 2010) auf der späteren Reise zu begutachten oder aktiv das Projekt in Form eines Hausbaus zu unterstützen. In diesem Fall bildet der Volunteereinsatz einen geringen Anteil (ca. 3 Tage) an der gesamten Reise.

World Unite unterscheidet zwischen zwei Produkten:
a) **Volunteering und Praktika**:
Hier sind die Teilnehmer „*stationär an einem Ort sind und gehen einer Tätigkeit in einer Organisation nach*" (EXP1 2010). Diese Aufenthalte sind meist mit einem „*Sorgenfreipaket*"(EXP1 2010) gekoppelt, das den Aufenthalt organisiert und Betreuung vor Ort anbietet. Es bietet zudem die Möglichkeit vor Ort Exkursionen und Aktivitäten mitzumachen, die von World Unite angeboten werden.
b) **Voluntourism-Reiseprogramme**:
Dieses Angebot eignet sich vor allem für Kurzzeitteilnehmer von 1-3 Wochen. „*Dabei sind die Tage vollständig durchgeplant mit ähnlichen Ausflügen und Exkursionen, die den Langzeit-Volunteers angeboten werden. Jedoch wird die Reise als All-Inclusive-Paket verkauft. Unterbringung bei Familien inkl. Vollverpflegung*" (EXP1 2010).

Ausflüge und Exkursionen, die mit angeboten werden oder bereits Teil des Reiseprogrammes sind, wäre beispielsweise ein Ausflug in den „*National Park, Butterfly Center und Moto woman kooperative*" (EXP1 2010; Abb. 10).

Abb. 10: Auszug aus einer Angebotsmail von World Unite 2010

Jozani National Park, Butterfly Centre and MOTO women cooperative
29.7. und 12.9. ganztag
Wir besuchen den Jozani Nationalpark inkl. Regenwald, Red Colobus-Affen-Kolonien und Mangrovenpfad, das Zanzibar Butterfly Centre, die größte Freiflugvoliere für Schmetterlinge in Ostafrika, was auch ein Projekt zur Einkommenserzielung der Menschen aus dem Dorf Pete ist sowie die MOTO Frauenkooperative, die mit Solarkochern Gräser färben und daraus Designobjekte flechten. Die Frauen kochen auch gesundes Mittagessen für uns.
60 USD pro Person inkl. Transfer und Mittagessen

Quelle: Email von EXP1 2010

Wird nun die Angebotspalette des Großveranstalters TUI Deutschland betrachtet, fällt auf, dass bei den Reiseangeboten deutlich für den Kunden heraus gestellt wird, wie viel Zeit der Volunteereinsatz während der Gesamtreise ein nimmt bzw. kann die freiwillige Mitarbeit vom Kunden individuell bestimmt werden (Abb.11).

Abb. 11: Auszug der Angebote von TUI Deutschland in Kooperation mit i-to-i

Quelle: TUI DEUTSCHLAND 2010, o. S.

Die jeweiligen Prozentualangaben geben auf einen Blick an, welche zeitliche Gewichtung die Projektbesuche in der gesamten Reise einnehmen. *„Die Abenteuer- und Rundreisen werden den Kunden angeboten, um Menschen das Volunteering näher zu bringen. Das ist so eine Art Schnuppervolunteering, wo die Kunden feststellen können, ob diese neue Urlaubsform beim nächsten Urlaub in Frage kommt"* (EXP2 2010).

Zuletzt soll noch ein Angebotsbeispiel einer angelsächsischen Zweigfilialie aufgeführt werden. Auffällig ist hier, dass das Angebotsspektrum differenzierter (z.B. in Form von mehr Projekte, mehr Destinationen, etc.) ist als bei den deutschen Veranstaltern, ein Indiz für die Fortschrittlichkeit der Produktentwicklung im Hinblick auf Volunteer Tourismus. Ansonsten sind kaum Unterschiede zwischen den deutschen und angelsächsischen Angeboten zu finden. Die Unternehmen passen die Reiseprogramme den deutschen Kundenbedürfnisse an (Abb.12).

Abb.12: Auszug eines Angebotes von RealGap

Das Volunteerprogramm

Die 1994 ins Leben gerufene Kinderkrippe Ikhaya hat sich mittlerweile zu einem großen Betreuungszentrum entwickelt, in dem über 50 Kinder im Alter von 3 und 6 Jahren versorgt werden, während ihre Eltern einer Beschäftigung nachgehen, um den Lebensunterhalt der Familie sichern zu können. Von 06:30-17:30 Uhr werden die Kinder hier betreut und erhalten spielerischen schulvorbereitenden Unterricht.

Als Volunteer kannst Du die einheimischen Betreuer entlasten und mit den Kindern spielen, ihnen Geschichten vorlesen und sie beim Herumtollen auf dem Minispielplatz beaufsichtigen. Darüber hinaus hilfst Du dem Team vor Ort beim Putzen der Einrichtung und bei Aufgaben, die von Zeit zu Zeit anfallen, wie zum Beispiel der Gartenarbeit oder beim Streichen von Räumen. Gegebenenfalls kannst Du auch bei der Beschaffung von Finanzmitteln für die Kindertagesstätte helfen oder Tagesausflüge für die Kinder organisieren.

Von Zeit zu Zeit wirst Du mit einzelnen Kindern spielen oder mit den Kindern in Kleingruppen arbeiten, damit Du besser auf die Bedürfnisse der einzelnen Kinder eingehen kannst. Oftmals können die Betreuer den Kleinen nicht genug individuelle Aufmerksamkeit schenken, da sie sich um zu viele Kinder gleichzeitig kümmern müssen.

Generell arbeitest Du als Volunteer montags bis freitags von 8:30 bis 13:30 Uhr im Projekt mit. Wenn Du Dich darüber hinaus noch in der Tagesstätte engagieren möchtest, kannst Du dies natürlich gerne tun, die Betreuer vor Ort sind dankbar für jede helfende Hand!

Was ist inbegriffen
- Abholung vom Flughafen und Transfer zu Deiner Unterkunft
- Orientierungsveranstaltung
- Unterkunft für die gesamte Projektdauer
- umfassende Betreuung und Unterstützung vor Ort
- 24h Notrufnummer
- Hilfe beim Abschluss einer **Reiseversicherung**
- Buddy List mit Kontaktdaten Deiner Mitreisenden
- Teilnahmezertifikat

Was ist nicht inbegriffen
- Flüge
- Visum
- Rücktransfer zum Flughafen
- Verpflegung - bitte plane ca. US$50 pro Woche (außer Abendessen bei Ankunft)
- zusätzliche Aktivitäten

Quelle: REALGAP 2010, o. S.

Durch den Vergleich der Angebote aller untersuchten Reiseveranstalter (Reiseveranstalter für Bildungs- und Studienreisen, Reiseveranstalter für nachhaltige Individual- und Abenteuerreisen, Zweigfilialen) lässt sich die Intensität des Volunteer Aspektes bei den Reisangeboten in verschiedene Stufen auflisten (Abb. 13). Hier unterscheiden sich die Angebote. Die einzelnen Stufen orientieren sich aus den Angeboten von TUI Deutschland und werden durch die Anzahl der einzelnen Angebote gemessen:

➤ Stufe 1: 90% Reisen; 10% Volunteering
➤ Stufe 2: 50% Reisen; 50% Volunteering
➤ Stufe 3: 10% Reisen; 90% Volunteering
➤ Stufe 4: 10% Bildung; 90% Volunteering
➤ Stufe 5: 100% Volunteering

Abb. 13: Intensität des Volunteereinsatzes (Stufe 1-5)

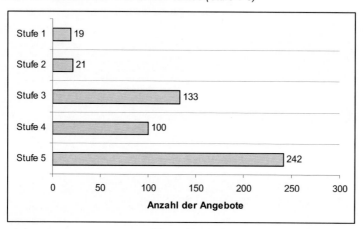

Quelle: eigene Darstellung 2010

Es zeigt sich, dass bei der Mehrheit der Angebote der Volunteereinsatz die Reise zu 100% ausfüllt (Stufe 5). Dabei mit inbegriffen sind Orientierungstage oder Einführungswochen, die im Land selbst durchgeführt werden. Gefolgt werden die Angebote von Stufe 3, wo der Volunteereinsatz durch kleine Ausflüge im Land oder Erkundungstouren ergänzt wird. Volunteering und die Entdeckung des Landes stehen hier im Verhältnis 90:10. Eine Besonderheit bildet Stufe 4. Hier wird der Volunteereinsatz durch Bildungseinheiten ergänzt. Diese Einheiten bilden vor allem Sprachkurse, die vor dem Einsatz im Projekt absolviert werden, um mögliche Sprachbarrieren abzubauen. *„Gerade in schwierigen Ländern wie Burkina Faso, wo die Lebensbedingungen besonders heftig sind, darf die Sprache kein Hindernis sein"* (EXP3 2010). Aber nicht nur Sprachkurse, auch Kursangebote wie Yoga, Vietnamesische

Küche, etc., werden als Bildungseinheiten eingefügt, um das Land intensiver kennen zu lernen.

Die Gemeinsamkeiten aller Angebote lassen sich in den Kategorien Destination und Projektart finden. Vor allem Entwicklungs- oder Schwellenländer, wie beispielsweise Thailand, Vietnam und Kambodscha in Asien; Argentinien, Bolivien, Peru und Ecuador in Südamerika; Namibia, Ghana und Kenia in Afrika, bilden die Destinationen von Volunteer Reisen. Aber es tauchen auch Destinationen in Europa, wie z.B. Griechenland und Italien sowie in Ozeanien mit Australien und Neuseeland auf. Die zuletzt genannten lassen sich häufig mit einem Work&Travel Programm verbinden. Ein Grund für diese Entwicklung ist sicherlich, dass in den Entwicklungs- und Schwellenländern *„es nicht möglich ist bezahlt zu arbeiten, weil es sich diese Länder nicht leisten können, Kräfte aus Deutschland zu importieren, die selbst keine Fachkenntnisse besitzen. Also ein Abiturient, der sich beispielsweise in Afrika engagieren möchte, ist sicherlich herzlich willkommen. Aber kein afrikanisches Land würde groß Geld dafür ausgeben, diesen fachlich nicht Ausgebildeten zu importieren"* (EXP3 2010).

Die angebotenen Projektarten lassen sich in folgende Kategorien zusammenfassen und wurden an der Anzahl der Nennungen bei den untersuchten Reiseveranstaltern (N=11) gemessen (Abb. 14).

Abb. 14: Art der Projekte in Anzahl der Nennungen

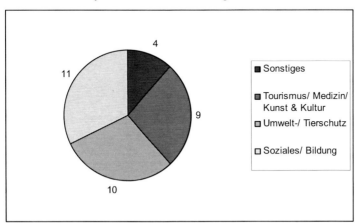

Quelle: eigene Darstellung 2010

In der Grafik wird deutlich, dass die Sozialen und Bildungsprojekte den größten Teil der Angebote bilden, gefolgt von den Umwelt- und Tierschutzprojekten. Den mittleren Bereich bilden Projekte, die die Bereiche Kunst/Kultur, Medizin und Tourismus unterstützen. Unter Sonstiges können Projekte in der Landwirtschaft, im Sport und dem Handwerk genannt werden.

In diesem Zusammenhang stellt sich die Frage, wie es zur Zusammenarbeit von Reiseveranstaltern und den Projekten vor Ort kommt. Ein wichtiger Aspekt dabei ist die Bildung von Partnerschaften. Die Reiseveranstalter suchen nach „partner with either a non-profit community-based organisation or a branch of local or national government" (BAKKER/ LAMOREUX 2008, S. 22). Dabei werden verschiedene Vorgehensweisen der untersuchten Reiseveranstalter deutlich:

- *„Die Organisationen stellen sich auf Fachmessen, Workshops oder Reisen vor. Weiter Kontakte entstehen durch bereits bestehende Partnerorganisationen anderer Programme (z.B. Sprachreisen), die für Projektanbieter Empfehlungen aussprechen, die dann näher angesehen werden und bei entstehender Nachfrage eine Zusammenarbeit beschließen"* (EXP6 2010).
- *„Es gibt weltweite Qualitätsverbände, denen all unsere Partner angeschlossen sind und die wir einmal im Jahr auch treffen, um sich auszutauschen. Auf der Suche nach einem neuen Programm bekommen wir entweder ein Empfehlung von einem interessanten Partner, fragen die Partner nach Empfehlungen oder suchen gezielt online in dem Qualitätsverband nach passenden Projekten. Wichtig ist dabei, dass ein Qualitätsstandard gewährleistet wird. Das heißt die Projekte werden durch unsere Partner vor Ort auf bestimmte Qualitätskriterien untersucht, erst dann wird das Projekt in die Projektliste mit aufgenommen und unseren Kunden angeboten"* (EXP3 2010).
- Zu einer Zusammenarbeit kommt es aus bestehenden Kontakten zu langjährigen Partnern bzw. Kunden, die eine Organisation gegründet haben, die uns glaubwürdig erscheint und wir eine einfache Handhabung bei der Abwicklung haben" (EXP7 2010).

Zwischenergebnis 2

Der Aufbau von Volunteer Reisen unterscheidet sich kaum zwischen den einzelnen Veranstaltergruppen, außer dass die Schwerpunktsetzung oft eine andere ist. Während die Bildungs- und Studienreiseveranstalter sowie die angelsächsischen Zweigfilialen den Schwerpunkt auf die Vermittlung und Organisation legen, kann der Volunteereinsatz bei nachhaltigen Individual- und Abenteuerreiseveranstalter sowie dem Großreiseveranstalter als zusätzlicher Reisebaustein betrachtet werden. Zusammenfassend sollen in der folgenden Abbildung die charakteristischen Merkmale für den Aufbau von Volunteer Reisen übersichtlich aufgeführt werden (Abb. 15).

Abb. 15: charakteristische Merkmale von Volunteer Reisen

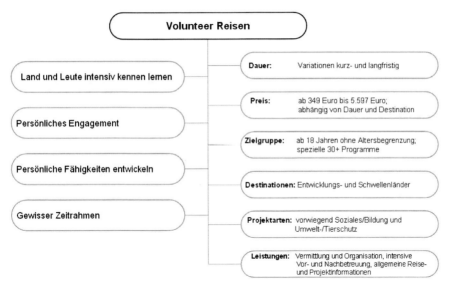

Quelle: eigene Darstellung 2010

Zwischenfazit

Mit den ersten sechs Kapiteln dieser Untersuchung wurde ein theoretischer Bezugsrahmen zu dem Nischenprodukt Volunteer Tourismus erstellt. Die terminologische Angrenzung zeigt, dass das Volunteering bzw. die Freiwilligenarbeit in Großbritannien sowie in Deutschland eine lange historische Tradition in der Gesellschaft aufweist. Volunteering in Kombination mit Tourismus taucht erst seit wenigen Jahren in der Tourismusforschung und -industrie auf (vgl. Kapitel 3.1 und 3.2).

Durch den internationalen Wandel im Tourismus, weg vom Massentourismus hin zu alternativen Tourismusformen, lässt sich der Volunteer Tourismus bei den alternativen Formen mit einreihen. Das Nischensegment bildet eine Schnittstelle des Kultur-, Bildungs-, Abenteuer-, Ländlicher und Wissenschaftlicher Tourismus (vgl. Kapitel 3.3).

Um eine Marktanalyse des Reisemarktes in Deutschland durchzuführen wurde in Kapitel 4 die allgemeine Struktur des deutschen Reisemarktes in den theoretischen Bezugsrahmen eingeordnet und näher erläutert (vgl. Kaptielt 4.1).

Der Kern dieser Untersuchung bildet Kapitel 5 mit der empirischen Analyse. Deren Ziel war es herauszuarbeiten, wie sich der Volunteer Tourismus bisher in Deutschland entwickelt hat. Es erwies sich als schwierig, kommerzielle Reiseveranstalter zu finden bei denen sich die Angebote zu diesem Nischenprodukt bereits etabliert haben. Mit Hilfe von Experteninterviews und eigenen Beobachtungen fand sich ein breites Angebotsspektrum im Bereich der Reiseveranstalter für Bildungs- und Studienreisen. Volunteer Reisen werden hier bereist seit 2002 mit angeboten und bilden neben den Work&Travel- Programmen einen weiteren großen Tätigkeitsbereich. Bei Reiseveranstaltern, die sich auf nachhaltige Individual- und Abenteuerreisen konzentrieren, vermischen sich die Angebote mit den Angeboten zu Projekt- und Spendenreisen, welche weitere Nischensegmente bilden. Der Schwerpunkt liegt dabei jedoch nicht auf der aktiven Mitarbeit, sondern auf der Unterstützung eines Projektes durch Spenden und/oder der Besuch eines Projektes, um zu sehen wie die Spenden eingesetzt wurden und inwiefern die lokale Bevölkerung davon profitiert. Die aktive Mitarbeit und somit ein Volunteereinsatz lässt sich aber auch bei diesen Anbietern finden. Der Unterschied zu den Reiseveranstaltern für Bildungs- und Studienreisen liegt darin, dass sich die Angebote zunehmend an die ältere Zielgruppe richten und oftmals ein zusätzlicher Reisebaustein bei der Planung der individuellen Reisen bilden.

Interessant ist die Entwicklung von Großveranstaltern wie TUI Deutschland im Hinblick auf Volunteer Tourismus. Seit 2009 orientieren sich die Angebote unter der Marke Volunteer Reisen an dem englischen Kooperationspartner i-to-i, welche sehr stark auf der Homepage des Unternehmens und auf unterschiedlichen Plattformen kommuniziert wird. So lässt sich hier bereits erkennen, wie ein Unternehmen nutzbringende Strategien aus dem britischen Markt einsetzt, um das Nischenprodukt auf dem deutschen Markt einzuführen. Ähnlich versuchen es auch die Zweigfilialen aus dem ausländischen Reisemarkt.

Wie sich in Zukunft diese Entwicklung weiterführt, welche Vorbildrolle Großbritannien für den deutschen Veranstaltermarkt spielt, sollen die nächsten Kapitel der vorliegenden Untersuchung herausarbeiten.

7 Großbritannien als Benchmark

Die drei Hauptquellmärkte für Volunteer Tourismus weltweit bilden Großbritannien, die Vereinigten Staaten und Australien, wobei Großbritannien für lange Zeit der „forerunner of volunteer tourism" war (vgl. BAKKER/LAMOUREUX 2008, S. 11). Langsam kommen die Vereinigten Staaten diesem Trend zwar gleich; Großbritannien bleibt aber auf Platz 1. In Europa wird der Markt ebenfalls von Großbritannien dominiert, mittlerweile dicht gefolgt von den Ländern Irland, Deutschland, Frankreich und den Niederlanden. Großbritannien bildet somit einen wichtigen Bezugspunkt in der Entwicklung von Volunteer Tourismus. In folgendem Kapitel soll dargestellt werden, inwieweit sich das Nischensegment in Großbritannien entwickelt und etabliert hat, um eine Grundlage für die Klärung der Forschungsfrage, inwieweit die dort gemachten Entwicklungen nutzbringend auf den deutschen Markt übertragen lassen, zu schaffen.

Wie bereits in dem historischen Aufriss aus Kapitel 3.2 hervor ging bildet das persönliche Engagement in Großbritannien ein Teil der gesellschaftlichen und auch politischen Struktur und lässt sich als entscheidender Aspekt für die unterschiedliche Entwicklung von Volunteer Tourismus in den zwei Ländern benennen. *„Es wurde schon immer Wert auf Privat- und Eigeninitiative gelegt, was die ganze Erscheinung von Charity und Volunteer Sachen in Großbritannien hervorrief"* (EXP4 2010). Außerdem gibt es in Großbritannien *„seit Ende des 19. Jahrhunderts eine, im europäischen Vergleich sehr weit ausgebaute Unterstützungsstruktur freiwilliger Dienste. Auf lokaler Ebene haben sich die Councils for Voluntary Service (CVS) und Freiwilligenbüros etabliert. Auf nationaler bietet das britische National Center of Volunteering (NVC) Weiterbildungsangebote für Mitglieder an, betreut Netzwerke und koordiniert öffentliche Aktionen"* (EXP8 2010). In Deutschland hingegen ist die *„Förderung durch den Staat weitgehend undurchsichtig, außerdem bezeichnen sich viele Ehrenamtliche nicht als solche und im Gegensatz zu den Briten besteht kein Wunsch nach fester Bindung an eine Organisation"* (EXP8 2010). Durch die starke öffentliche Wahrnehmung und die tiefe Verankerung von Volunteering in Großbritannien ist der Markt sensibler für die Angebote von Volunteer Reisen im Vergleich zum deutschen Markt. *„Es ist vielen überhaupt nicht klar, dass so etwas möglich ist ohne gleich ein soziales Jahr im Ausland zu machen"* (EXP3 2010).

Ein weiterer Aspekt für die positive Entwicklung des Volunteer Tourismus in Großbritannien lässt sich auf den „Gap Year Trend", welcher in den 1960er Jahren entstand (vgl. BAKKER/LAMOUREUX 2008, S. 11), zurückführen und *„bringt eine große Zahl von Teilnehmern für Volunteering hervor"* (EXP1 2010). Das Gap Year lässt sich folgendermaßen definieren:

> *"any period of time between 3 and 24 months which an individual takes ‚out' of formal education, training or the workplace, and where the time out sits in context of a longer career trajectory" (TRAM 2008, S. 13).*

Die Unterbrechungen im eigenen Bildungsgang (gap year) oder während des Berufslebens (career break) sind sehr verbreitet und üblich im angelsächsischen Raum wie beispielsweise in Großbritannien, Australien, Neuseeland, Irland und Kanada. Mittlerweile etabliert sich dieser Trend aber auch in Südafrika und Skandinavien (vgl. TRAM 2008, S. 14). Solch eine Auszeit kann verschiedene Formen annehmen „from spending a month or so in one destination to entire year away backpacking and travelling around the world" (REALGAP 2010, o. S.). Viele Teilnehmer entscheiden sich für einen Freiwilligeneinsatz in unterschiedlichen Projekten (Soziales, Umwelt, Tierschutz, etc.), womit der Bezug zu Volunteer Tourismus gezogen werden kann. Andere entscheiden sich für Work&Travel Programme, da sie noch *„mehr Fun und Party orientiert sind"* (EXP3 2010). Ein Gap Year wird typischerweise vor, während oder nach dem Studium absolviert. „Those seeking a career break to re-charge the batteries can be any age or at any point in their career when they decide to go for it" (REALGAP 2010, o. S.).

„In Großbritannien subventioniert der Staat die GapYear Reisen zum Teil und ermöglicht so den Hochschulabsolventen sich in Zeiten der Wirtschaftskrise weiterzubilden und sich soft-skills anzueignen. Mit einem Finanzrahmen von ca. 600.000 Euro (£ 500.000) ermöglicht die Regierung interessierten Volunteers die Teilnahme an einer Gap Year Reise" (EXP8 2010). In Zahlen ausgedrückt werden jedes Jahr in Großbritannien rund 200.000 – 250.000 Gap Years als Unterbrechung des Studiums genutzt. Somit trägt diese Entwicklung zur Entwicklung des Volunteer Tourismus bei und wird zunehmend bedeutender für die Angebotsgestaltung auf dem Markt.

Insgesamt blickt der Volunteer Tourismus in Großbritannien auf eine lange Entwicklung zurück. *„Seit ungefähr 15-20 Jahren gibt es bestimmt schon die Verbindung von Hilfsorganisationen und Reise"* (EXP4 2010). Zahlen belegen, dass in den letzten fünf Jahren der britische Markt im Bereich Volunteer Tourismus um 5-10% anstieg und im Jahr 2006 einen Marktanteil von 150 US$ erreichte (vgl. BAKKER/LAMOUREUX 2008, S. 11). In Deutschland ist eine solche Entwicklung noch kaum vorstellbar. Folgende Grafik verdeutlicht den rasanten Anstieg von Volunteer Reisen in Großbritannien.

Abb. 16: Volunteer Reisen in Großbritannien im Vergleich 2006 und 2007

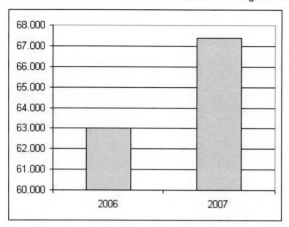

Quelle: eigene Darstellung nach BAKKER/LAMOUREUX 2008, S. 11

Der rasante Zuwachs von Volunteer Tourismus auf dem britischen Markt ist heute nicht mehr allein dem Gap Year Trend zu zuschreiben. Der britische Markt und die gesellschaftlichen Werte intensivieren sich und tragen eine entscheidende Rolle zur Weiterentwicklung des Volunteer Tourismus bei. Es ist zu beobachten, dass sich gegenwärtig die Angebote nicht mehr nur auf Gap Year Reisen beschränken, sondern neue Formen des Volunteerings auftauchen. „Großbritannien ist da um Lichtjahre weiter. [...] Da gibt es mittlerweile schon den Career Gapper, den Retirement Gapper sowie Cooperate Volunteering" (EXP3 2010). Der Career Gapper ist vergleichbar mit dem Gap Year. Der Unterschied ist, dass keine Auszeit vor, während oder nach dem Studium genommen wird, sondern dass eine Karrierepause im Berufsleben eingelegt wird. In Deutschland lässt es sich mit dem Sabbatjahr oder auch Sabbatical vergleichen, einer meist drei- bis zwölfmonatigen Auszeit vom Job, die bei Arbeitgebern und -nehmern jedoch kaum verbreitet ist. Retirement Gapper bilden die Gruppe der Pensionierten, die im Ruhestand ihren Reisen ein intensiveres Erlebnis geben möchten oder jetzt die Zeit und Möglichkeit haben ein Gap Year durchzuführen.

Einen weiteren Bereich im Hinblick auf Volunteer Tourismus bildet in Großbritannien momentan das Cooperate Volunteering. Diese Form bildet eine Schnittstelle zum Volunteer und „Corporate and Team Building Tourism" (TRAM 2008, S. 14) und etabliert sich stärker im Bereich des Geschäftstourismus. Diese Form bildet eine Kombination aus Teambildung und Menschenliebe und entstand im Hinblick auf die Tsunami Katastrophe 2004 (vgl. TRAM 2008, S. 14). Es ermöglicht Unternehmen „their corporate and social responsibility" in schwierigen Zeiten auszudrücken. Wirtschaftliche Unterstützung und engagierte Mitarbeiter, die sich in einem Team zusammenfinden um zu helfen, bilden die zwei Hauptmerkmale des Cooperate Volunteering. Ein Beispiel verdeutlicht den genauen Ablauf.

„Das Unternehmen Nokia baut eine Grundschule in Namibia, wo dann immer wieder Nokia Mitarbeiter gezielt in das Projekt geschickt werden. Zum einen aus Gründen der Teambildung der Mitarbeiter untereinander und den interkulturellen Kompetenzen. Zum anderen zeigt die Firmenseite damit, dass etwas für das gesellschaftliche Engagement getan wird" (EXP3 2010).

Außerdem sind Aktionen wie *„Fundraising Veranstaltungen, Fundraising Marathon, Fundraising Climb, etc. bei denen Menschen irgendeine Aktion durchführen, die die Aufmerksamkeit auf sich zieht, um Geld für eine gemeinnützige Sache zu sammeln die dann in einem fernen Reiseland durchgeführt wird in England und den USA absolut Standard, während in Deutschland kaum jemand auf die Idee kommt so etwas zu machen. Das hat wieder mit dem gesellschaftlichen Stellenwert zu tun, aber auch mit der Tatsache, dass die deutsche Entwicklungshilfe oder der soziale Einsatz eher als institutionalisiert angesehen wird, als eine Initiative des Einzelnen. Also nach dem Motto der Staat, die Kirche, Organisationen sollen so etwas tun, aber nicht Privatleute"* (EXP1 2010).

Es zeigt sich, dass *„während in Deutschland gerade erst das Gap Year nach der Schule entdeckt wird"* (EXP3 2010), sich auf dem britischen Markt, ein weitaus *„liberaleres Denken, dass eher vom Individuum ausgeht als von Institutionen"* (EXP1 2010)und somit ein weitaus entwickeltes und vielfältigeres Angebot im Hinblick auf Volunteer Tourismus herrscht. Der größter Reiseveranstalter in Großbritannien diesbezüglich ist i-to-i (vgl. BAKKER/ LAMOUREUX 2008, S. 22). Dieses Unternehmen ermöglichte es erstmals Volunteer Reisen für den britischen Massenmarkt zugänglich zu machen. Neben anderen wichtigen kommerzielle Anbieter, wie GapForce, realGap, Global Vision oder Maventurer, um die wichtigsten zu nennen, organisiert i-to-i sichere Volunteerprogramme, als auch Kurzprogramme von wenigen Wochen.

Auf dem deutschen Markt beginnt eine steigende Nachfrage an Volunteer Reisen und Großbritannien kann durch die bereits gemachten Entwicklungen eine gewisse Vorbildfunktion einnehmen. Im Rahmen der empirischen Analyse konnten bereits bestehende Kooperationen zwischen deutschen und britischen Unternehmen festgestellt werden, wodurch bereits bestehende britische Volunteer Produkte auf den deutschen Markt übertragen und vermarktet werden. Inwieweit sich die bereits gemachten Entwicklungen Großbritanniens nutzbringend auf den deutschen Markt übertragen lassen und welche Möglichkeiten und Handlungsstrategien sich für Deutschland im Hinblick auf Volunteer Tourismus formulieren lassen, soll das nächste Kapitel zeigen.

> *Zwischenergebnis 3*
> Großbritannien kann als Vorbild im Hinblick auf Volunteer Tourismus betrachtet werden. Volunteering ist in der Gesellschaft tief verankert, gehört zum täglichen Leben und wird von der Öffentlichkeit anders wahrgenommen als es in Deutschland der Fall ist. Die langjährige Entwicklung brachte unterschiedliche Trends mit sich, wie beispielsweise das Gap year, career gapper, retirement gapper. Auch Cooperate Volunteering und Fundraising Aktionen etablieren sich langsam in der britischen Gesellschaft und als feste Nische in der Tourismusindustrie.

8 Mögliche Maßnahmen und Handlungsstrategien für den deutschen Reisemarkt

Da zwei Märkte in der Entwicklung und Gestaltung des Nischenproduktes näher untersucht wurden, können die Stärken und Schwächen sowie Chancen und Risiken des Volunteer Tourismus nun herausgearbeitet werden, um die Formulierung von Handlungsstrategien für den deutschen Reisemarkt zu erleichtern.

Die so genannte „SWOT-Analyse (S- Strengts/Stärken, W- Weaknesses/Schwächen, O- Opportunities/Chancen, T- Threats/Risiken), ein Instrument des strategischen Managements vor Markteinführung eines Produktes soll dazu dienen, die Stärken/Chancen und Schwächen/Risiken von Volunteer Tourismus in Deutschland vor dem Hintergrund der Entwicklungen in Großbritannien gegenüberzustellen, um zukünftige Maßnahmen und Handlungsstrategien für die Weiterentwicklung des Nischenproduktes auf dem deutschen Markt zu finden.

8.1 SWOT-Analyse des Volunteer Tourismus in Deutschland

Zunächst werden die Stärken und Schwächen des Volunteer Tourismus auf dem deutschen Markt, die sich aus den Ergebnissen der empirischen Marktanalyse, den qualitativen Befragung sowie eigenen Beobachtungen ergaben, gegenübergestellt (Tab. 11).

Tab. 11: Stärken und Schwächen des Volunteer Tourismus in Deutschland

Stärken	Schwächen
- Trend zu spezielleren Angeboten - steigende Nachfrage - positives Reiseerlebnis	- zeitaufwendige Konzeption von Volunteer Reisen - Konkurrenzprodukte - Transparenz der Angebote fehlt - hohe Preise - Anerkennung von Volunteering bei Arbeitgebern fehlt

Quelle: eigene Darstellung 2010

Die Gegenüberstellung der Stärken und Schwächen zeigt, dass die Schwächen von Volunteer Tourismus bzw. Volunteer Reisen in Deutschland noch deutlich überwiegen. *„Der deutsche Volunteermarkt steckt, was die Reisebranche betrifft, noch in den Kinderschuhen. Es ist mühsam Kunden von dem Konzept zu überzeugen, da viele schlichtweg keine Lust haben im Urlaub tätig zu werden oder sich zu verpflichten"* (EXP8 2010). Volunteer Reisen sind auf Anbieterseite mit einem enormen, konzeptionellen Aufwand verbunden. *„Der Anbieter sollte sich inhaltlich in die Tätigkeit der NGOs einbringen. Denn wer nur Geld abliefert, damit Touristen soziale Projekte anschauen, fördert eine geldfokussierte Einstellung der Einrichtung"* (EXP1 2010). Andererseits müssen auch die Kunden ordentlich vorbereitet werden in Form von Informationsveranstaltungen oder –material, was ebenfalls mit eine großen Aufwand und zusätzlichen Kosten verbunden ist. *„Konkurrenzprodukte, wie das weltwärts Programm des DED und das freiwillige soziale Jahr (FSJ)"* (EXP8 2010), erschweren zudem die Arbeit von Reiseveranstaltern auf dem deutschen Markt. Für den Kunden sind die Programme *„zwar mit mehr Aufwand verbunden"*, bringen *„jedoch enorme Kosteneinsparungen mit sich"* (EXP8 2010), da sie von staatlicher Seite gefördert werden.

Eine weitere Schwachstelle des deutschen Marktes ist, dass den Angeboten häufig die nötige Transparenz fehlt. Es wird oft nicht ersichtlich, wohin das Geld fließt und wer letzen Endes von den Volunteer Reisen profitiert. *„I-to-i spendet beispielsweise gar kein Geld, sondern es gibt einen Spendenpool von dem beispielsweise neue Geräte (Waschmaschine, etc.) für das Projekt finanziert werden. Das ist im Reispreis enthalten und es wird sicher gestellt, dass das Geld/Spende auch dort landet, wo es benötigt wird"* (EXP2 2010). Dem Kunden wird dies jedoch meist erst auf Nachfrage offenbart und ist aus den Leistungen und Angeboten auf den ersten Blick nicht ersichtlich, abschreckend ist dann häufig der oft viel zu hohe Preis für solch eine Volunteer Reise. *„Hemmfaktoren der Nachfrage sind zweifelsohne neben Urlaubsmotiven und Konkurrenzprodukten auch die recht hohen Preise"* (EXP8 2010).

Zuletzt kann als Schwäche die fehlende Anerkennung von Volunteering bei deutschen Arbeitgebern im Vergleich zu den britischen aufgeführt werden. *„In Deutschland sieht es immer noch so aus: Ich will mal für länger ins Ausland und verkleide das jetzt als etwas Sinnvolles"* (EXP3 2010). Die meisten erkennen nicht, dass Volunteering nicht nur für das unterstützte Projekt nützlich ist, sondern der Reisende selbst eine Menge Erfahrung macht und gewisse Fähigkeiten, wie interkulturelles Verständnis, Sprachkenntnisse, Teamfähigkeit, etc. erlernt, wovon auch der Arbeitgeber und dessen Unternehmen profitieren kann. In der Hinsicht ist noch viel Handlungsbedarf notwendig.

Positiv anzumerken im Hinblick auf Volunteer Tourismus in Deutschland ist, dass der Reisemarkt auf den Wandel der Tourismusindustrie - weg vom Massentourismus hin zu alternativen Tourismusformen – mit spezielleren Angeboten reagiert. Der Wandel bietet momentan die optimale Ausgangslage für Nischenentwicklungen, um sich von dem stark konkurrierenden Massenmarkt abzuheben. *„Wir bieten das Segment Reisen und Helfen an, um uns von der Masse der Großveranstalter abzuheben"* (EXP7 2010). Die Entwicklung scheint sich positiv auf der Nachfrageseite auszuwirken. Die Experten sind geschlossen der Meinung, dass eine steigende Nachfrage im Hinblick auf den Bereich Volunteer Tourismus zu verzeichnen ist. *„Volunteer-Programme liegen im Trend"* (EXP6 2010) und bilden ein *„sehr gutes Standbein"* (EXP3 2010). Die Gründe für die wachsenden Zahlen sind *„schwer pauschal zu benennen und es spielen sicherlich viele verschiedene Faktoren eine Rolle"* (EXP3 2010). Beispielsweise verankert sich das soziale Engagement erst langsam in der Wertevorstellung der deutschen Gesellschaft. *„Dann ist es auch eine Bewusstseinsfrage, da solche Angebote lange Zeit nicht existierten"* (EXP3 2010) oder breit kommuniziert wurden. Früher gab es Auslandsaufenthalte während des Studiums, Au-pair Programme oder Highschool Aufenthalte, heute sind die Angebote viel differenzierter. Ein weiterer nennenswerter Faktor in diesem Kontext bildet sicherlich die wachsende Bedeutung der Sprachen hervorgerufen durch den Prozess der Globalisierung.

Durch die steigende Nachfrage und das rege Interesse an Auslandsaufenthalten und sozialem Engagement vervielfältigten sich auch die Produktangebote der Anbieter in den letzten ein bis zwei Jahren. Mittlerweile gibt es eine große Auswahl an unterschiedlichen Projekten und Destinationen, die im Rahmen eines Volunteer Programms besucht und unterstützt werden können. Die Reisen rufen zudem ein positives Reiseerlebnis hervor. *„Insgesamt kommen 99% der Kunden zurück und waren sehr zufrieden mit der Reise. In den Beurteilungsbögen am Ende der Reise lesen wir häufig, dass es die beste Zeit des Lebens war"* (EXP3 2010). Außerdem ruft *„die Interaktion zwischen den Freiwilligen und den Projekten"* das Gefühl hervor, *„die Lage vor Ort ein Stück weit mit verbessert zu haben"* (RV 2010). Die Teilnahme und Stärke solcher Reisen ist in jedem Fall die *„Begegnung mit den Menschen. Bedürftige sehen, dass sich jemand für sie interessiert, Reisende haben Einblicke, die sich im traditionellen Urlaub, weggesperrt von der Lebensrealität, nicht ergeben"* (EXP1 2010). Auf die genannten Stärken von Volunteer Reisen sollte sich der deutsche Reismarkt zukünftig stärker berufen, damit es sich zu einem etablierten Nischenprodukt weiterentwickelt und öffentlich stärker wahrgenommen wird.

Der Volunteer Tourismus wird auf dem deutschen Reisemarkt kurz- und mittelfristig nicht die Zahlen Großbritanniens erreichen, da das soziale Engagement in der gesellschaftlichen und politischen Struktur nicht so anerkannt und integriert ist als in Großbritannien. *„Diese ganze Geschichte mit sozialem Engagement liegt in Deutschland noch um Meilen zurück, wenn es mit Großbritannien verglichen wird"* (EXP3 2010). Dennoch gibt es Anzeichen für eine positive Entwicklung in Deutschland, die im Folgenden in Form von Chancen und Risiken aufgelistet werden sollen. Dadurch sollen die Bereiche aufgezeigt werden in denen Maßnahmen und Handlungsstrategien nötig und möglich sind.

Tab. 12: Chancen und Risiken des Volunteer Tourismus in Deutschland

Chancen	Risiken
- anhaltender Boom der ‚anders Reisen'	- härter werdender Wettbewerb
- ‚Globetrottergeneration'	- Krisen, die das Reiseverhalten stören
- Zunahme des Cooperate Responsibility Gedankens	- zunehmende Preissensibilität bei Reisenden
- Globalisierung	- Kommerzialisierung
- Notwendigkeit von Studienpraktikas	

Quelle: eigene Darstellung 2010

Die Chance und das zukünftige Potential von Volunteer Tourismus sich als Nischenprodukt auf dem deutschen Reisemarkt zu etablieren, liegt vorwiegend in dem anhaltenden Boom der ‚anders Reisen'. Das heißt der allgemeine und bereits häufig erwähnte Wandel in der Tourismusindustrie wird weiter anhalten und es ergibt sich eine optimale Ausgangslage für die Einführung alternativer Tourismusformen sowie der Entwicklung von Nischenprodukten. *„Wir können einen anderen Urlaub machen, wir müssen nicht nur Sun&Beach machen und brauchen uns nicht die ganze Zeit in der Dominikanischen Pepublik an den Strand legen, sondern können wirklich intensiv ein Land bereisen und damit auch was Gutes tun"* (EXP2 2010). Damit verbunden bildet sich eine neue Generation von Reisenden, welche hier als Globetrottergeneration benannt werden soll und ein Ergebnis des Wandels von der Spaß- zu Sinngesellschaft ist. Die Globetrottergeneration kann als Gruppe junger Reisender definiert werden, welche großen Wert auf das Verständnis fremder Kulturen, die Begegnung der Menschen und das intensive Erleben einer Destination legt. Die Chance des Volunteer Tourismus besteht darin, diese Generation für sich zu gewinnen und von den Reisen zu überzeugen, da die Tourismusform die gesamte Wertvorstellung dieser Nachfragegruppe vereint.

Eine weitere positive Entwicklung und für den Volunteer Tourismus von großer Bedeutung wäre im Geschäftstourismus zu sehen. Der Gedanke von Cooperate Social Responsibilty nimmt bei Unternehmen verstärkt zu. Die EUROPÄISCHE KOMMISION (2010, o. S.) definierte den Begriff wie folgt:

„Soziale Verantwortung der Unternehmen (Corporate Social Responsibility - CSR) ist ein Konzept, das den Unternehmen als Grundlage dient, um auf freiwilliger Basis soziale und ökologische Belange in ihre Unternehmenstätigkeit und ihre Beziehungen zu den Stakeholdern zu integrieren."

In diesem Zusammenhang könnte in Deutschland die bereits in Großbritannien bestehende Form des Cooperate Volunteering offeriert werden, damit sich Mitarbeiter in unterstützenden Projekten des Unternehmens engagieren können, soft skills ausbauen können und die Teamfähigkeit gesteigert werden kann. Im Gegenzug werden Missstände der unterstützenden Region minimiert und Wissen für die Hilfe zur Selbsthilfe mitgeteilt.

Weiteres zukünftiges Potential, um die Weiterentwicklung von Volunteer Tourismus in Deutschland anzutreiben, liegt in dem Globalisierungsprozess. Die sprachliche Weiterbildung und der internationale Austausch gewinnen immer mehr an Bedeutung. Interkulturelle Kompetenzen sind wertvolle Aspekte bei Arbeitgebern und werden bei Volunteer Reisen gefördert und erlernt. Die wachsende *„Notwendigkeit von Studienpraktika"* (EXP1 2010) trägt ebenfalls zu einem Wachstumspotential von Volunteer Tourismus bei. Gerade bei Studiengängen der Sozial- und Kulturwissenschaften werden Volunteereinsätze nachgefragt. In diesem Zusammenhang können Volunteer Reisen als krisensicher bezeichnet werden, da sie *„zur Verbesserung der Lebensläufe auch in wirtschaftlichen Krisenzeiten, in denen die Reisebranche Einbußen erleidet, nachgefragt werden"* (EXP1 2010).

Als Schattenseite von Volunteer Tourismus kann der härter werdende Wettbewerb auf dem deutschen Reisemarkt genannt werden. Durch die steigende Nachfrage im Hinblick auf Volunteer Reisen, öffnet sich ein neuer Vertriebmarkt für das Nischenprodukt. Das bedeutet, dass angelsächsische Unternehmen, die hinsichtlich solcher Reisen weitaus fortschrittlicher sind, verstärkt Zweigfilialen auf dem deutschen Markt eröffnen werden, um die bestehenden Volunteerprodukte auf dem deutschen Markt mit anzubieten und so von der steigenden Nachfrage wirtschaftlich zu profitieren. Außerdem wird es weiterhin, vor allem in *„Zeiten hoher Arbeitslosigkeit und Krisenanfälligkeit mit großer Anstrengung verbunden sein in Deutschland Volunteers zu finden, die bereit sind im touristischen Sektor Geld für Projekte auszugeben"* (EXP8 2010). Solche Krisen stören das Reiseverhalten, abgesehen von der

Nachfragegruppe die im Rahmen des Studiums Auslandsaufenthalte absolvieren muss, und können eine Preissensibilität bei den Reisenden auslösen, welche den Vertrieb von Volunteer Reisen beeinträchtigen können. Aber nicht nur nationale Krisen können das Reiseverhalten stören. *„Viele Länder die besucht werden sind nicht so stabil, politische Unruhen können ein Land und die Besucherregelungen verändern"* (EXP3 2010). Da bei Volunteer Reisen vorwiegend instabile Länder besucht werden, steigt das Risiko solcher Reisen an. Ein weiterer Balanceakt bei alternativen Tourismusformen, in die sich der Volunteer Tourismus zuordnen lässt, besteht immer in der Gefahr der Kommerzialisierung. Wird ein solches Produkt zu stark vermarktet, geht der Nachhaltigkeitsgedanke beim Kunden und die qualitative Standards beim Unternehmen verloren, was ein gewisses Vertrauensrisiko beinhalten kann.

Durch die Gegenüberstellung der Stärken und Schwächen sowie Chancen und Risiken von Volunteer Tourismus auf dem deutschen Reisemarktes grenzen sich mögliche Maßnahmen und Handlungsstrategien ab, die von Anbietern berücksichtig werden können, um eine zukünftige positive Entwicklung zur Etablierung des Nischenproduktes zu erreichen.

8.2 Mögliche Maßnahmen und Handlungsstrategien

Aufgrund der intensiven Auseinandersetzung mit der Thematik des Volunteer Tourismus, der Entwicklung dieser Tourismusform auf dem deutschen sowie englischen Reisemarkt und der der zuletzt aufgeführten Stärken und Schwächen sowie Chancen und Risiken von Volunteer Tourismus in Deutschland lassen sich für die Anbieter folgende Maßnahmen und Handlungsstrategien formulieren:

➢ *Ehrliche Kommunikation*

Die Teilnehmer von Volunteer Reisen sollten vor Reiseantritt genügend über die Zustände vor Ort informiert werden. Das heißt alle kulturellen, organisatorischen, finanzielle Aspekte sollten von Seiten des Anbieters klar kommuniziert werden. *„Ehrliche Kommunikation ist im Vorhinein ganz wichtig. Es sollte klar gesagt werden, wie so ein Volunteerhaus aussieht, dass es keine normalen Toiletten, nicht immer fließend Wasser oder Strom gibt"* (EXP3 2010). Außerdem sollte eine gewisse Transparenz des Reisepreises gewährleistet werden, so dass der Teilnehmer nachvollziehen kann, wie viel dem unterstützten Projekt zu Gute kommt und wie hoch die eigentlichen Reisekosten sind. Dieser Aspekt wird bei den meisten untersuchten Angeboten außer Acht gelassen, so dass eine Änderung wünschenswert wäre.

> *Stärkere Kooperationen mit angelsächsischen Unternehmen*

Um dem genannten Risiko des härter werdenden Wettbewerbes durch das Eindringen angelsächsischer Unternehmen auf dem deutschen Markt entgegenzuwirken, ist eine stärkere Kooperation deutscher und angelsächsischer Unternehmen zu empfehlen. Dadurch könnten zwei Vorteile entstehen. Zum einen könnte das deutsche Unternehmen bereits gemachte Entwicklungen des britischen Unternehmens nutzbringend für sich gewinnen, beispielsweise können bereits bestehende Kontakte zu Projekten bzw. Projektpartnern genutzt werden, Reiseprogramme müssen nicht erneut konzipiert werden sondern lediglich auf die Bedürfnisse des deutschen Kunden abgeändert werden. Zum anderen wird durch die Kooperation mit einem angelsächsischen Unternehmen der aufkommende Wettbewerbsdruck minimiert. Dass eine solche Kooperation erfolgreich funktionieren kann, zeigen bereits die in dieser Untersuchung untersuchten Unternehmen Explore & Help sowie TUI Deutschland, die beide mit englischen Veranstaltern erfolgreich kooperieren.

> *Netz der Projekte verdichten*

Um konkurrenzfähig gegenüber anderen Anbietern zu bleiben, ist die Verdichtung des Angebotnetzes zu empfehlen. Das heißt durch den Ausbau der Destinationen und Projektangeboten kann den Teilnehmern eine größere Vielfalt angeboten werden und gleichzeitig können vor Ort mehr Projekte unterstützt werden. Wichtig ist dabei, *dass die „Zusammenarbeit gut funktioniert, so dass die Volunteers sowie die Projekte von den Erfahrungen profitieren"* (EXP6 2010).

> *Überzeugung der eigenen Produkte*

Dem Aufkommen von anderen Konkurrenzprodukten, wie dem weltwärts-Programm oder dem FSJ kann durch die Überzeugung der eigenen Produte des Veranstalters entgegengewirkt werden. *„Es gilt den Kunden von der Qualität und der Sicherheit der eigenen Produkte zu überzeugen"* (EXP8 2010). Auch hier kann eine Maßnahme des britischen Vorbildes übernommen werden. *„Ein mittelständischer, englischer Reiseveranstalter bietet vierteljährlich Infoveranstaltungen an, bei denen sich sowohl ehemalig interessierte und auch bereits durch Buchungen bestätigte Volunteers treffen und sich austauschen"* (EXP8 2010). Ein besseres Marketinginstrument als dieser Erfahrungsaustausch gibt es wohl kaum und der Kunde fühlt sich direkt bei dem Veranstalter willkommen. Die Maßnahme eignet sich vor allem für die Reiseveranstalter der Bildungs- und Studienreisen, bei denen die Teilnehmer eher Reise unerfahren sind und der jüngeren Zielgruppe angehören. Durch die Infoveranstaltung, das Zusammentreffen auf ehemalige Volunteers und der aktive Austausch wird ein Sicherheitsgefühl beim Neukunden geweckt, welches die Gesamtreise andauern kann und den Zufriedenheitsgrad steigert.

> *Stärker Volunteerprogramme kommunizieren*

In Deutschland ist das soziale Engagement kaum in der gesellschaftlichen Struktur integriert. Umso wichtiger ist es, dass Volunteerprogramme, welche dieses Engagement fördern, stärker kommuniziert werden. *„Es ist eine Bewusstseinfrage, da es vielen Deutschen lange Zeit überhaupt nicht klar war, dass solche Angebote existieren ohne gleich ein komplette soziales Jahr zu machen"* (EXP3 2010). Die Angebote sollten demnach mehr in die Öffentlichkeit gerückt werden. Eine gute Möglichkeit um die Globetrottergeneration zu erreichen, wäre beispielsweise die stärkere Nutzung des Web 2.0, bei der ebenfalls ein kostengünstiger Erfahrungsaustausch zwischen Teilnehmern stattfinden könnte. Eine weitere Handlungsstrategie wäre, dass im Zuge der Notwendigkeit von Studienpraktika vermehrt Vorträge oder Infoveranstaltungen an Universitäten, entweder durch das Auslandsamt oder durch den Veranstalter selbst, statt finden. Gerade in den Studienrichtungen Sozial-, Kultur, aber auch Geowissenschaften sollten Möglichkeiten eines Volunteereinsatzes vorgestellt werden, damit die erforderlichen soft skills bei Arbeitnehmern vorgewiesen werden können.

> *Einführung neuer Volunteerprogramme*

Eine letzte Maßnahme für die Weiterentwicklung von Volunteer Tourismus auf dem deutschen Markt lässt sich in der Einführung neuer Volunteerprogramme finden. Im Zuge der zunehmenden Bedeutung der CSR bei Unternehmen, wäre eine Einführung von Volunteerprogrammen im Geschäftstourismus erstrebenswert. Dadurch würde die fehlende Anerkennung von Volunteer Reisen bei Arbeitgebern aufgehoben werden. Eine Verschiebung der Destinationen wäre zusätzlich denkbar, wodurch sich ebenfalls neue Volunteerprogramme ergeben würden. Das heißt es sollten nicht nur Reisen in Entwicklungs- und Schwellenländer angeboten werden, sondern die Integration von Volunteers in eigenen oder europäischen Ländern wäre lohnenswert. Dies kann beispielsweise ein kurzzeitiger Freiwilligeneinsatz bei Großveranstaltungen (Sportevents, etc.) oder bei Umweltprojekten (NABU, etc.) sein.

Die formulierten Handlungsstrategien bieten Anreize für Veranstalter, um das Nischenprodukt Volunteer Tourismus in Zukunft weiter zu gestalten, damit es sich als Nische etabliert und nicht nur ein kurzzeitiger Trend bleibt, der nach einigen Jahren wieder verschwindet.

IV Abschlussbetrachtung

9 Zukünftige Entwicklung des Volunteer Tourismus

Die empirische Analyse des deutschen Reisemarktes sowie die Gespräche mit Experten zeigen, dass es sich bei Volunteer Tourismus um ein neues Nischenprodukt handelt, welches in der Entwicklung noch in den Kinderschuhen steckt. Aussagen über die zukünftige Entwicklung lassen sich lediglich vermuten. Dennoch sollen in diesem Kapitel verschiedene Ansichten aufgeführt werden.

Die Repräsentativerhebung zum freiwilligen Engagement in Deutschland (Freiwilligensurvey) des Bundesministeriums für Familien, Senioren, Frauen und Jugend (BMFSFJ 2005) für den Zeitraum 1999 bis 2004 zeigt eine wachsende Bereitschaft für Volunteering in Deutschland. Die „Engagementsquote, der Anteil von freiwillig Engagierten an der Bevölkerung ab 14 Jahren, ist zwischen 1999 und 2004 um 2 Prozentpunkte von 34% auf 36% gestiegen" (BMFSFJ 2005, S. 15; Abb. 17).

Abb. 17: Freiwilliges Engagement in Deutschland von 1999 bis 2004
  Bevölkerung ab 14 Jahren, Angaben in %

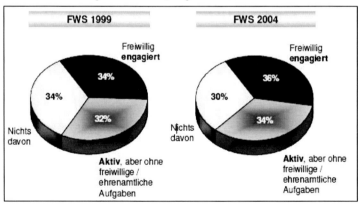

Quelle: BMFSFJ 2005, S. 17

Zudem hat sich das Engagementpotential deutlich erhöht. Das heißt die Bereitschaft bei nicht Engagierten, sich freiwillig zu engagieren ist einerseits gestiegen, andererseits wollen sich die bereits Engagierten, zu einem deutlich höheren Anteil zunehmend stärker engagieren. Vor allem bei Jugendlichen zwischen 14 und 24 Jahren ist das Engagementpotential besonders hoch. „Die deutlichste Steigerung des freiwilligen Engagements gab es bei den älteren Menschen im Alter ab 60 Jahren" (BMFSFJ 2005, S. 15). Hier ist ein Anstieg der Engagementquote von 26% auf 30% zu verzeichnen. Diese positive Entwicklung des freiwilligen Engagements in Deutschland könnte sich in Zukunft auch positiv auf die Weiterentwicklung von Volunteer Reiseangeboten auf dem deutschen Reisemarkt auswirken. Teilweise ist diese auch schon, laut den Meinungen von Experten, auf dem Markt zu spüren.

„Volunteer Reisen wird in Zukunft eine Once-in-a-lifetime Sache bleiben. Das heißt es wird sicherlich Menschen geben, die solche Reisen öfter machen und sich kaum noch eine andere Reisart vorstellen können, weil es etwas besonderes ist, aber meist wird eine solche Reise einmal im Leben durchgeführt. Trotzdem ist zu hoffen, dass es sich mehr herumspricht und es viele Menschen einfach mal ausprobieren und sich ein Bild von solchen Reisen machen. Es scheint gerade auch ganz gut zu laufen. Es wird aber niemals ein Massenphänomen werden" (EXP2 2010).

„Die Entwicklung sehen wir weiter positiv" (EXP6 2010).

Obwohl Volunteer Reisen eine Once-in-a-lifestyle Erfahrung zugeordnet wird, wird die Nachfrage der Kunden in Zukunft weitgehend positiv gesehen.

„Volunteer Tourismus wird weiterhin ein wachsender Sektor bleiben. Hoffentlich geht die Entwicklung des deutschen Reisemarktes in die Großbritanniens. Wünschenswert wären andere Zielgruppen bzw. zusätzlich Zielgruppen, die Volunteer Reisen in Erwägung ziehen. Also nicht nur ein Abenteuer, das nach dem Abi gemacht wird, sondern auch die Möglichkeit einer Auszeit während des Arbeitslebens" (EXP3 2010).

„Wir wünschen uns natürlich, dass das Interesse wächst und mehr Menschen solche Reisen durchführen werden" (EXP1 2010).

Die aufgeführten Aussagen der Experten aus dem Reiseveranstalterbereich zeigen, dass sehr viel zukünftiges Potential in dem Nischenprodukt Volunteer Reisen gesehen wird und die derzeit hohe Nachfrage der Kunden eine momentane positive Entwicklung belegen.

In der Literatur wird ebenfalls positives im Hinblick auf die Weiterentwicklung von Volunteer Tourismus prognostiziert, aber es zeigen sich auch kritische Aspekte. Im Folgenden werden Befunde der TRAM Studie sowie der Analyse von BAKKER/LAMOUREUX Analyse zur Zukunft des Volunteer Tourismus aufgeführt:

Anhaltendes Marktwachstum

Einige Anzeichen sprechen dafür, dass das Wachstum im Volunteer Tourismusmarkt zukünftig anhalten wird. Kein Trend ist so viel versprechend wie der des Volunteer Tourismus (vgl. BAKKER/LAMOUREUX 2008, S. 40).

> „[...] The industry has received a lot of good press [...] this may change if organisations do not put greater attention on providing a quality product that provides a service to both the destination and tourists"
> (BAKKER/LAMOUREUX 2008, S. 39).

Das heißt Unternehmen und Organisationen sollten trotz des starken Wachstums an Qualitätsstandards festhalten und diese sichern, damit kritische Stimmen sowie negatives Kundenfeedback zukünftig vermieden wird.

Verzerrte Grenzen in der Industrie

Zukünftiges Wachstum wird von Seiten der nicht-kommerziellen (NGOs, Vereien, etc.) sowie auch stärker von den kommerziellen Reiseveranstaltern (Reiseveranstalter, Hotels, Airlines, etc.) kommen. Die Anzahl der kommerziellen Reiseveranstalter, die Freiwilligenarbeit als Teil ihrer Angebotspaette anbieten, werden zunehmen (vgl. BAKKER/LAMOUREUX 2008, S. 40) und es werden immer häufiger kurze Volunteertrips mit Standardtrips kombiniert.

Erweiterung der Zielgruppen

Der beginnende Trend von älteren Volunteers, welcher sich in Großbritannien mittlerweile etabliert hat, wird in Deutschland zukünftig stärker zunehmen und somit die Nachfrage und Zielgruppen erweitern (vgl. TRAM 2008, S. 62). Die Angebote werden nicht mehr vorwiegend von Schulabgängern in Anspruch genommen, sondern sie werden sich verstärkt auch an Berufstätige richten, die sich eine Auszeit vom hektischen Alltagsleben gönnen und sich auf wesentliche Aspekte rückbesinnen wollen.

Soziale Netzwerke und Web 2.0

Das Internet spielt eine bedeutende Rolle bei der Verbreitung von Volunteer Tourismus und wird in Zukunft auch weiter an Bedeutung gewinnen. Es bietet Interessierten stärker die Möglichkeit eigene Reisen zu organisieren und Feedbacks erfahrener Volunteers zu erhalten, beispielsweise durch Sichtung von Blogeinträgen, Videoclips oder anderen Formen des interaktiven Mediums (vgl. BAKKER/LAMOREUX 2008, S. 41). Gleichzeitig werden sich auch die sozialen Netzwerke erweitern, die es den Volunteer Touristen erleichtern werden Erfahrungen auszutauschen. Organisationen oder Reiseveranstalter werden verstärkt Plattformen zum Thema einrichten, aber auch Formen des viralen Marketing (facebook, studivz, twitter, etc.) nutzen, um die gewünschte Kundenbasis zu erreichen.

> *Zwischenergebnis 4*
>
> Volunteer Tourismus ist ein Trend mit zukünftigem Potential auf dem deutschen Reisemarkt. Dennoch sollte trotz des Wachstums auf einen gewissen Qualitätsstandard geachtet werden, nicht nur auf Seiten der Reisenden sondern auch auf Seiten der zu unterstützenden Projekte. Die steigende Bedeutung von sozialen Netzwerken und dem Web 2.0 werden die Verbreitung des Nischenproduktes stärker vorantreiben.

10 Kritische Auseinandersetzung mit dem Nischenprodukt Volunteer Tourismus

Volunteer Tourismus wird in der Literatur und in der Tourismuswissenschaft nur vereinzelt thematisiert. So fehlt es nicht nur an einer allgemeinen Quellenlage, sondern auch die kritische Auseinandersetzung mit diesem Nischenprodukt wird bislang außer Acht gelassen. Nachdem im Rahmen dieser Untersuchung das Nischenprodukt näher analysiert wurde, der Stellenwert auf dem deutschen Reisemarkt heraus gearbeitet wurde, Handlungsstrategien für eine erfolgreiche Weiterentwicklung vorgeschlagen und die zukünftige Entwicklung prognostiziert wurde, entsteht nun Raum für eine distanzierte Betrachtung und der Frage: Ist Volunteer Tourismus mit verstärkter Kommerzialisierung überhaupt sinnvoll? Wer profitiert davon und lässt sich überhaupt soziales Engagement mit Tourismus vereinen?

Dieses Dilemma ist den meisten Anbietern auf Nachfrage durchaus bewusst. Volunteer Tourismus entwickelt sich als ein touristisches Produkt ebenso wie Sun&Beach Produkte und der Veranstalter ist an einer Gewinnmaximierung eines jeden Produktes interessiert. Es „ließe sich einerseits durch die Anhebung der Gästezahlen in einem Projekt der Gewinn maximieren, andererseits bestünde die Gefahr, nicht mehr ausreichend als ‚sinnvoll' angesehene Arbeiten anbieten zu können. Diese Situation würde dazu führen, dass der ‚Arbeitseinsatz' zu einer ‚Urlaubsaktivität' degradiert wird und die Basis des Aufenthaltes damit abhanden kommt" (MÜLLER/REEH 2010, S. 32). Um jedoch nicht an Attraktivität zu verlieren, gilt es die kritischen Elemente zu vermeiden. *„Es werden Beratungstelefone angeboten und vorab Interviews durchgeführt, um ein passendes Projekt zu finden, aber letztendlich ist es ein Kunde der Geld bringt und in jedem Falle mit reisen soll. Wenn nur mit ihm geredet wird und er am Ende aus irgendwelchen Gründen nicht mitgenommen wird, fehlt der Umsatz"* (EXP4 2010).

Weiterhin als kritisch zu betrachten ist, dass *„Menschen in Länder geschickt werden, die von Entwicklungszusammenarbeit relativ wenig verstehen und somit auch nicht wirklich einen hilfreiche Beitrag leisten können. Es ist eine Art soziale Actionreise im Häppchenformat, wo die Dauer des Projektaufenthaltes selbst gewählt werden kann, von wenigen Tagen bis hin zu drei Monaten. Diese Projekte arbeiten dann nicht sinnvoll und die Leute werden eingesetzt ohne vorher umfangreich qualifiziert worden zu sein. Es ist ein neues Selbsterfahrungsprodukt auf dem Markt, welches aber nicht mit Entwicklungszusammenarbeit verwechselt werden darf"* (EXP4 2010).

Viele der Veranstalter *"schimpfen sich nicht als Entwicklungshilfe"* (EXP3 2010) und legen großen Wert darauf, dass die lokale Bevölkerung von den Volunteereinsätzen profitiert. *"Die Idee von Volunteer Reisen ist, dass sich das Projekt irgendwann selbst tragen kann, dass unsere Arbeit also nachhaltig ist. Speziell fördern wir Umwelt- und Bildungsprojekte und versuchen so die Lebensgrundlage von Kindern und Erwachsenen vor Ort zu verbessern"* (EXP5 2010). Im Gegenzug kann das aber die Moral bei der lokalen Bevölkerung schaffen: *"Wir müssen ja nichts machen, weil ja immer wieder ein Volunteer kommt. Das ist kontraproduktiv und blockiert die Hilfe zur Selbsthilfe"* (EXP4 2010).

Aus einer öffentlichen Diskussion (Open Space Diskussion) des Vereins GATE – Netzwerk, Tourismus, Kultur e.V. für eine nachhaltige Tourismusentwicklung tauchten bereits einige kritische Fragen zum Thema Volunteer Tourismus. Es wurde hinterfragt, „warum sich das Bedürfnis zu helfen auf Entwicklungsländer bezieht und ob die Motivation dafür unter Umständen aus ‚egoistischen' Antrieben entsteht" (GATE e.V. 2009, S. 138). Weiterhin wurde bemängelt, dass die „meisten Projekte nicht auf eine langfristige Zusammenarbeit und auch nicht auf einen echten interkulturellen Austausch ausgelegt sind, da sie als ‚Einbahnstraße' konzipiert sind und dadurch keinen Austausch auf Augenhöhe zulassen" (GATE e.V. 2009, S. 138). Generell wurden „Volunteer Reisen mit einem kommerziellen Hintergrund" (GATE e.V. 2009, S. 138) als schwierig erachtet.

Die vorangestellten Fragen und kritische Auseinandersetzungen sollen als Ansatzpunkte für zukünftige Forschungsfragen verstanden werden. Weiterführende Untersuchungen sind nicht zuletzt erforderlich, damit eine optimale und sinnvolle Umsetzung von Volunteer Tourismus erfolgen kann und zumindest in Deutschland zukünftig ein gewisser Nachhaltigkeitsstandard gewährleistet wird.

11 Ergebnisdiskussion und Fazit

Die vorliegende Untersuchung versuchte zentral den Stellenwert des Nischensegments Volunteer Tourismus auf dem deutschen Reisemarkt zu untersuchen. Mit dem Vergleich der Entwicklungen diesbezüglich in Großbritannien, sollte die Formulierung von Handlungsstrategien sowie der zukünftigen Entwicklung erleichtert werden. Um Erkenntnisse zu gewinnen wurde der deutsche Reisemarkt einer empirischen Analyse unterzogen, um den Status Quo von Anbietern solcher Reisen zu ermitteln. Ergänzt wurde die Analyse von Gesprächen mit Experten, die sich im Rahmen ihrer täglichen Arbeit mit der Thematik beschäftigen und über ein nutzbringendes Wissen verfügen. Im Anschluss daran wurde der britische Markt im Hinblick auf Volunteer Tourismus näher betrachtet, um mögliche Handlungsstrategien nutzbringend für den deutschen Markt zu formulieren und die zukünftige Entwicklung zu prognostizieren.

Volunteer Tourismus lässt sich als eine Kombination von freiwilligem Engagement und einer touristischen Reise beschreiben, der von Reiseveranstaltern, Entsendeorganisationen oder lokalen NGOs organisiert werden kann. In beiden untersuchten Ländern zeigte sich eine lange Tradition von Volunteering, wobei Großbritannien diesbezüglich die Oberhand behält und es in der gesellschaftlichen und politischen Struktur tiefer verankert ist als in Deutschland.

Die empirische Analyse und Kern dieser Untersuchung untersuchte, inwiefern sich Volunteer Reisen auf dem deutschen Reisemarkt etabliert haben und wie sich der Aufbau bzw. die charakteristischen Merkmale solcher Reisen beschreiben lassen. Nach Eingrenzung des Untersuchungsgebietes auf kommerzielle Reiseveranstalter zeigte sich, dass sich das Nischenprodukt Volunteer Tourismus im Produktlebenszyklus in die anfängliche Phase der Markterschließung einordnen lässt. Insgesamt sind 11 Reiseveranstalter auf dem deutschen Reisemarkt zu finden, die das Produkt mit anbieten. Eine geringe Zahl verglichen mit der Gesamtzahl von Reiseveranstaltern in Deutschland (ca. 800-1200 tätige Reiseveranstalter im Jahr 2004, vgl. Kap. 4). Die meisten Anbieter lassen sich in den Bereichen Bildungs- und Studienreisen sowie bei nachhaltigen Individual- und Abenteuerreisen finden. Im allgemeinen Aufbau der Angebote unterscheiden sich die einzelnen Anbieter kaum voneinander. Die Destinationen von Volunteer Reisen sind meist Entwicklungs- oder Schwellenländer und die Art der Projekte, die während der Reise unterstützt werden, sind vorwiegend Soziale, Umwelt- oder Tierschutzprojekte. Zu erwähnen ist jedoch, dass die Schwerpunktsetzung der Veranstaltergruppen variieren. Während die Bildungs- und Studienreiseveranstalter sowie die angelsächsischen Zweigfilialen den Schwerpunkt auf die Vermittlung und Organisation legen, kann der Volunteereinsatz bei nachhaltigen Individual- und Abenteuerreiseveranstalter sowie dem Großreiseveranstalter als zusätzlicher Reisebaustein betrachtet werden.

Um Handlungsstrategien für den deutschen Reisemarkt leichter formulieren zu können, wurde Großbritannien als Benchmark mit aufgeführt, da dort die Entwicklungen von Volunteer Tourismus durchaus als fortschrittlicher angesehen werden und diese eventuell nutzbringend auf Deutschland übertragen werden können. Es wurden unterschiedliche Trends festgestellt, die sich in Zukunft eventuelle auch in Deutschland etablieren könnten, wie beispielsweise das Career Gap, das Retirement Gap, aber auch das Cooperate Volunteering sowie Fundraising Aktionen könnten im deutschen Geschäftstourismus offeriert werden.

Die abschließende Gegenüberstellung verschiedener Ansichten zur zukünftigen Entwicklung von Volunteer Tourismus offenbarte ein enormes Potential des Nischenproduktes. Die Bereitschaft für ein freiwilliges Engagement stieg im Zeitraum 1999 bis 2004 an und verspricht weiter wachsende Zahlen. Der Markt verspricht sich durch die steigenden Nachfragezahlen ebenfalls ein enormes Wachstumspotential. Allerdings sollten trotz des Wachstums die Qualitätsstandards sowie der eigentlich Sinn von Volunteer Reisen nicht verloren gehen.

„Jemandem zu helfen, bedeutet nicht sich selbst zu vernachlässigen."
(Sprichwort der Mamprusi, Afrika)

Literatur- und Quellenverzeichnis

AIFS (2010): Über AIFS. Bonn = http://www.aifs.de/other/about.php. (13.07.2010).

AUER-SRANKA, K. J. (2009): Qualitative und kombinierte Methoden in der wissenschaftlichen Marketingforschung. Theoretische Betrachtung und Literaturanalyse. – In: Der Markt, Journal für Marketing, Vol. 48, Nr. 1-2, Wien =
http://resources.metapress.com/pdf-preview.axd?code=v5200118352p5725&size=largest.

BAGFW – BUNDESARBEITSGEMEINSCHAFT DER FREIEN WOHLFAHRT (2010): Freie Wohlfahrtspflege. Unabhängig und gemeinnützig. Berlin = http://www.bagfw.de/wir-ueber-uns/freie-wohlfahrtspflege-in-deutschland/subsidiaritaetsprinzip/. (17.06.2010).

BAKKER, M./ LAMOUREUX, K. (2008): Volunteer Tourism - International: Travel and Tourism Analysis, Mintel International.

BMFSFJ – BUNDESMINISTERIUM FÜR FAMILIE, SENIOREN, FRAUEN UND JUGEND (2005): Freiwilliges Engagement in Deutschland 1999-2004. München = http://www.bmfsfj.de/RedaktionBMFSFJ/Engagementpolitik/Pdf-Anlagen/freiwilligen-survey-langfassung,property=pdf,bereich=bmfsfj,sprache=de,rwb=true.pdf. (23.07.2010).

BOOMERANG REISEN (2010): Firma. Trier = http://www.boomerang-reisen.de/firma.php. (6.07.2010).

BPB – BUNDESZENTRALE FÜR POLITISCHE BILDUNG (2009): Subsidiaritätsprinzip. Bonn = http://www.bpb.de/popup/popup_lemmata.html?guid=3H53IP. (17.06.2010).

BPB – BUNDESZENTRALE FÜR POLITISCHE BILDUNG (2009): Lexikon. Oligopol. Bonn = http://www.bpb.de/popup/popup_lemmata.html?guid=O7JNX8. (20.06.2010)

BPB – BUNDESZENTRALE FÜR POLITISCHE BILDUNG (2009): Lexikon. Polypol. Bonn = http://www.bpb.de/popup/popup_lemmata.html?guid=5NFHWC. (10.06.2010)

DBZ – DEUTSCHE BENCHMARKING ZENTRALE (2010): Definition. Benchmark, Benchmarking. Berlin = http://www.benchmarkingforum.de/benchmarking-definition.html. (11.05.2010).

DEPPE, J. (1997): Die Literaturrecherche. Kein Buch mit sieben Siegeln. Bochum = http://www.wisu.de/studium/recherch.htm. (2.06.2010).

EUROPÄISCHE KOMMISION (2010): Soziale Verantwortung der Unternehmen (CSR). Brüssel = http://ec.europa.eu/enterprise/policies/sustainable-business/corporate-social-responsibility/index_de.htm. (5.08.2010).

EUROPEAN COMISSION (2010): Study on Volunteering in the European Union. Country Report Germany. Brüssel, Luxemburg = http://ec.europa.eu/citizenship/eyv2011/doc/National%20report%20DE.pdf. (17.06.2010).

EUROPEAN COMISSION (2010): Study on Volunteering in the European Union. Country Report United Kingdom. Brüssel, Luxemburg = http://ec.europa.eu/citizenship/eyv2011/doc/National%20report%20UK.pdf. (17.06.2010).

EXPOLRE&HELP (2005): Die Idee. Hamburg = http://www.exploreandhelp.de/explore/main.php?kat_id=34&root_kat_id=3&subnavi_found=no. (7.07.2010).

EXPOLRE&HELP (2005): Philosophie. Hamburg = http://www.exploreandhelp.de/explore/main.php?kat_id=1 (7.07.2010).

EXPLORE&HELP (2005): Vier Wochen Vietnam (er)leben. Hamburg = http://www.exploreandhelp.de/explore/main.php?kat_id=75&root_kat_id=2&ref_id=&subnavi_found=&phase=1&art_id=95. (10.07.2010).

FREYER, W. (2006): Tourismus. Eine Einführung in die Fremdenverkehrsökonomie. 8. Auflage, Oldenburg.

GATE E. V. (2009): Nachhaltigkeit auf ganzer Linie? CSR in touristischer Zuliefererkette. Berlin = http://www.gate-tourismus.de/downloads/gate_zulieferer_dokumentation.pdf. (6.8.2010).

HEDLEY, R./ SMITH, J. D. (1992): Volunteering and society. Principles and Practice. London.

HILDEBRANDT, K./ QUANDT, B. (2009): Veranstaltermarkt 2008/2009. Leichte Blessuren. Hamburg = http://www.fvw.com/index.cfm?objectid=86C27687-FFBB-D2FD-388D853DB7D700F8&printid=9BEDA571-BAD7-25F7-2DEE60B798774B57. (10.06.2010).

HILGER, P. (2010): Volunteer Centres and Volunteering Infrastructure. European Examples. Report for Kansalaisareena r.y. Citizen Forum - Service, development and information centre for voluntary actors in Finland. Helsinki = http://www.kansalaisareena.fi/VolunteerCentresAndVolunteeringInfrastructure2010Hilger.pdf. (17.06.2010).

HOWLETT, S. (2008) Lending a hand to lending a hand: The role and development of volunteer centres as infrastructure to develop volunteering in England. Volunteering Infrastructure and Civil Society Conference. Aalsmeer, Netherlands = http://www.cev.be/data/File/Local_Volunteer_Centres.England.pdf. (17.06.2010).

INTERSWOP (2010): Über Interswop. Hamburg = http://www.interswop.de/IS_Ger_AboutIS.htm. (6.07.2010).

KAGERMEIER, A. (2007). Historische Entwicklungslinien und theoretische Konzepte. Grundprinzip des Produktlebenszyklus. Trier = http://www.uni-trier.de/fileadmin/fb6/prof/FUT/Studium/Veranstaltungen/WS_2009_2010/BA_1_FTG/02_b_Theorie_2009.pdf. (9.07.2010).

KRAMER, K. (2006): Wenn Strandurlaub zu wenig ist. In: Geo Saison, 2006, Heftnr. 12, S. 1-3. Hamburg = http://www.geo.de/GEO/reisen/reisetipps/52250.html. (20.07.2010)

LEO (2010): Benchmark. Sauerlach = http://dict.leo.org/ende?lp=ende&lang=de&searchLoc=0&cmpType=relaxed&sectHdr=on&spellToler=&search=Benchmark. (11.05.2010).

LUH SIN, H. (2009): Volunteer Tourism. Involve me and I will learn. – In: Annals of Tourism Research, 2009, Vol. 36, Nr. 3. S. 480-501.

MAYER, H. O. (2008): Interview und schriftliche Befragung. Entwicklung, Durchführung, Auswertung. 4. Auflage. München.

MEUSER, M./ NAGEL, U. (1991): Experteninterviews. Viel erprobt, wenig bedacht. Ein Beitrag zur Methodendiskussion. – In: GARZ, D./ KRAIMER, K (Hrsg.): Qualitativ-empirische Sozialforschung, Opladen. S. 441-468.

MUNDT, J. W. (2006): Tourismus. 3. Auflage, Oldenburg.

MÜLLER, D./ REEH, T. (2010): Volunteer Tourismus in Namibia. – In: tw - Zeitschrift der Tourismuswissenschaft, 2010, Heftnr. 3, S. 19-35.

PAULWITZ, I. (1996): Einführung zur deutschen Ausgabe. Die „Eurovol-Studie" im Kontext einer weltweiten Volunteer-Bewegung. – In: ROBERT BOSCH STIFTUNG (Hrsg.): Ein neues bürgerschaftliches Europa. Eine Untersuchung zur Verbreitung und Rolle von Volunteering in zehn Ländern. Freiburg im Breisgau. S. 12-18.

PONS (2010): Benchmark. Stuttgart = http://de.pons.eu/dict/search/results/?q=Benchmark&in=&l=deen. (11.05.2010).

REALGAP (2010): Über uns. Tunbridge Wells, Kennt = http://www.realgap.de/-ber-uns. (14.07.2010).
REALGAP (2010): Südafrika Entwicklungsprojekt mit Kindern in Kapstadt. Turnbridge Wells, Kent = http://www.realgap.de/S-dafrika-Entwicklungsprojekt-mit-Kindern-in-Kapstadt. (18.07.2010).
REALGAP (2010): What is a gap year? Tunbridge Wells, Kent = http://www.realgap.co.uk/What-is-a-gap-year. (21.07.2010).

ROBERT BOSCH STIFTUNG (1996): Ein neues bürgerschaftliches Europa. Eine Untersuchung zur Verbreitung und Rolle von Volunteering in zehn Ländern. Freiburg im Breisgau.

SCHIEKEL, N. (2008): Volunteer Tourismus. Instrument einer nachhaltigen Entwicklung in Südafrika. (Veröffentlichte Diplomarbeit). Bonn = http://www.tourismwatch.de/files/volunteer_tourismus_1.pdf. (2.06.2010).
SCHIEKEL, N. (2009): Volunteer Tourismus – Risiken und Chancen. Bonn = http://www.tourism-watch.de/node/1256. (22.05.2010).

SCHNELL, R./ HILL, P. B./ ESSER, E. (2005): Methoden der empirischen Sozialforschung. Wien.

SIMPSON, K. (2007): Is International Volunteering the New Colonialism? – In: Hindle, C./ Cavalieri, N./ Collinson, R./ Miller, K./ Richard, M./ Wintle, S. (Hrsg.): Volunteer. A Traveller's Guide to Making a Difference Around the World. Lonley Planet Publication. Victoria, Australia. S. 10.

SÖLTER, M. (2006): Touristikmanagement. Betriebswirtschaftslehre der Reiseveranstalter und Reisemittler. http://dr-schnaggels2000.surfino.info/uploads/
BWL_Reiseveranstalter_und_Reisemittler_2006.pdf.

STA TRAVEL (2010): Über STA Travel. Frankfurt =
http://www.statravel.de/cps/rde/xchg/de_division_web_live/hs.xsl/ueber-uns.htm.
(14.07.2010).

STEPIN (2010): 5 Sterne Qualität. Bonn = http://www.stepin.de/qualitaet/ (7.07.2010).

TRAM (2008): Volunteer Tourism. A Global Analysis. Barcelona.

TRAVELWORKS (2010): Über TravelWorks. Münster = http://www.travelworks.de/ueber-travelworks.html. (6.07.2010).
TRAVELWORKS (2010): Preise und Leistungen. Münster =
http://www.travelworks.de/freiwilligenarbeit-argentinien/ehrenamtliche-Untersuchung.html
(20.07.2010).

TUI DEUTSCHLAND (2010): Ein Kurzportrait. Hannover = http://www.tui-deutschland.de/td/de/unternehmen/unternehmen_im_ueberblick/portraet/index.html.
(11.07.2010).
TUI DEUTSCHLAND (2010): Volunteerangebote. Hannover = http://www.tui.com/urlaub-mit-tui/marken/volunteer-reisen/. (13.07.2010).

VIVENTURA (2010): Vision, Mission und Werte. Berlin =
http://www.viventura.de/wir/mission-vision. (11.07.2010).

VOLUNTEERING WELTWEIT (2010): Über Volunteering weltweit. Hamburg = http://www.volunteering-weltweit.de/ueber-volunteering-weltweit.asp. (6.07.2010).

WEARING, S. (2001): Volunteer Tourism. Experiences that make a difference. Oxon (GB), New York (USA).

WORLD UNITE (2010): Über uns. Zanzibar = http://www.world-unite.de/de/sonstige-informationen/uber-uns.html. (11.07.2010).

A Anhang

A.1 Leitfaden der qualitativen Befragung

Franziska Maier, Universität Trier, Fachbereich VI: FTG

Untersuchung: Volunteer Tourismus – eine Marktanalyse des deutschen Reisemarktes mit Großbritannien als Benchmark

I. Einführung in die Thematik

Selbstdarstellung des Experten und des Unternehmens

- ➤ Könnten Sie mir zu Beginn nennen, welche Tätigkeiten Sie im Unternehmen hauptsächlich ausführen?
- ➤ Wie Ihr Unternehmen organisiert (Größe, Philosophie, etc.) und auf welchen Märkten es in Bezug auf Volunteer Tourismus aktiv?

II. Hauptfragen

Motivation für Volunteer Reisen

- ➤ Seit wann bieten Sie Volunteer Reisen an?
- ➤ Wie kam es dazu, dass Sie bzw. Ihr Unternehmen solche Reisen anbieten?
- ➤ Welche spezifischen Elemente/Aspekte zeichnen für Sie/das Unternehmen Volunteer-Reisen aus?
- ➤ Welche Erwartungen haben Sie von diesen Reisen?
- ➤ Was ist Ihnen wichtig bei der Planung von Volunteer Reisen?
- ➤ Wie kommt es zur Zusammenarbeit von Reiseveranstaltern und sozialen und Umweltprojekten?

Allgemeine Aspekte zu Volunteer Reisen und deren Entwicklung

- ➤ Wie sind Volunteer Reisen aufgebaut?
- ➤ Welche Arten von Projekten werden besucht und wie werden die Besucher darauf vorbereitet?

- Welche zeitliche Gewichtung nehmen die Projektbesuche in der gesamten Reise ein? Sind es längerfristige Besuche oder kurzfristig?
- Aus Ihrer Sicht: wie entwickelte sich der Volunteer Tourismus in Deutschland in den letzten Jahren? Wie sieht die Entwicklung in Großbritannien oder anderen europäischen Ländern aus?
- Wo liegen die Gründe für die unterschiedliche Entwicklung in Deutschland und Großbritannien?

Charakteristika der Nachfrager

- Wie können die Nachfrager von Volunteer Reisen charakterisiert werden?
- Inwiefern unterscheiden Sie sich zu Ihren anderen Kunden? Welche soziodemographischen Merkmale fallen Ihnen dazu ein (Geschlecht, Alter, Bildungsstand, Einkommen, Beruf)?
- Wie zufrieden sind Sie mit der Nachfrage?

Effizienz von Volunteer Reisen

- Welches Feedback haben Sie von ehemaligen Volunteers/Reisenden erhalten?
- Wie sehen Sie die Entwicklung in den besuchten Projekten durch den Besuch von Volunteers/ Ihren Reisenden?

Zukünftige Entwicklung und Pläne für Volunteer Tourismus

- Welche Entwicklungen sehen Sie für den Volunteer Tourismus in Deutschland/ Großbritannien vor?
- Welche Strategien verfolgen Sie in Zukunft?
- Welche zukünftige Entwicklung sehen Sie bzw. wünschen Sie sich im Hinblick auf Volunteer Reisen?
- Welche Potentiale und Stärken sehen Sie generell in solchen Reisen? Was sehen Sie als Hemmfaktoren bzw. kritisch und problematisch?

III. Fazit

- Gibt es etwas über das Thema Volunteer Reisen, das Sie mir gerne noch erzählen möchten?
- Haben Sie das Gefühl, ich habe es versäumt, nach etwas Bestimmtem zu fragen?